高职教育
改革热点问题研究

宁业勤◎著

浙江大学出版社

·杭州·

图书在版编目(CIP)数据

高职教育改革热点问题研究 / 宁业勤著. -- 杭州：浙江大学出版社，2024.7. -- ISBN 978-7-308-25137-2

Ⅰ．G719.21

中国国家版本馆 CIP 数据核字第 2024YD6694 号

高职教育改革热点问题研究
宁业勤 著

责任编辑	吕倩岚
责任校对	韦丽娟
封面设计	项梦怡
出版发行	浙江大学出版社
	（杭州市天目山路148号 邮政编码310007）
	（网址：http://www.zjupress.com）
排　　版	杭州朝曦图文设计有限公司
印　　刷	浙江新华数码印务有限公司
开　　本	710mm×1000mm　1/16
印　　张	12.5
字　　数	222千
版 印 次	2024年7月第1版　2024年7月第1次印刷
书　　号	ISBN 978-7-308-25137-2
定　　价	78.00元

版权所有　翻印必究　印装差错　负责调换

浙江大学出版社市场运营中心联系方式：0571-88925591；http://zjdxcbs.tmall.com

前　言

党的十八大以来，高职教育诸多领域已经或正在发生根本性变革：一系列政策文件相继出台，特别是国务院印发的《职业教育改革实施方案》、2022年修订的《职业教育法》等，为高职教育发展提供了明确方向和源源不断的动力，同时也激起学术研究者和一线改革者的巨大热情，由此在高职领域聚集成一个又一个理论研究和实践改革热点。

课程思政建设与改革。2020年6月，教育部印发《高等学校课程思政建设指导纲要》，文件紧紧围绕课程思政建设，从目的意义、内容体系、分类分科思政目标，以及课堂、教师与评价等方面做了明确规定，为在实践中推进课程思政建设提供了指导。在高职院校，课程思政建设已深入人心，坚持立德树人，坚持知识传授、能力培养和价值塑造相结合，"守好渠"、"种好田"，已成为一线教师的共识。然而，实践中的建设与改革仍然存在诸多痛点与堵点，有效突破成为当务之急。

信息化教学改革创新。现代信息技术日益深刻地影响着教育教学变革。教育部先后发布了《教育信息化十年发展规划（2011—2020年）》、《关于加强高等学校在线开放课程建设应用与管理的意见》、《教育信息化2.0行动计划》等文件，极大地推动了教育信息化发展，为院校课程建设和教学创新注入了全新动力。毫无疑问，利用现代信息技术开展课程教学改革创新的出发点和落脚点在于推动传统课堂的根本性变革，提升教学效率与教学质量。在信息技术融入课程教学经历形式上的发展阶段后，理性、深入地探讨这一融入过程及其实效，必要且紧迫。

教学督导与质量保证。建立科学的内部管理体制和运行机制是现代大学治理体系的基本特征之一。加强教学督导与评价是高校提升教育教学质量的重要举措。为全面提升高职院校人才培养质量，2015年，教育部办公厅、职业教育与成人教育司相继发布了《关于建立职业院校教学工作诊断与改进制度的通知》和《高等职业院校内部质量保证体系诊断与改进指导方案（试行）》；2020年，中共中央办公厅、国务院办公厅印发了《关于深化新时代教育督导体制机制改革的意见》；同年，中共中央、国务院印发了《深化新时代教育评价改革总体方案》。这些文件极大地促进了内部质量保证体系相关理论的研究与实践探索,也推动了院校教学督导与评价的进一步改革。

产教融合改革创新。2017年,国务院办公厅印发了《关于深化产教融合的若干意见》;2018年,教育部等六部门印发了《职业学校校企合作促进办法》;2019年,国家发改委、教育部印发了《建设产教融合型企业实施办法(试行)》;同年,国家发改委印发了《国家产教融合建设试点实施方案》。这一系列政策举措是对党的十九大报告精神的贯彻落实,标志着我国产教融合、校企合作进入全新阶段。2021年7月,国家发改委、教育部联合公布了63家企业为产教融合型企业,21个城市为产教融合试点建设城市。这一举措,成为贯彻落实上述文件的有力抓手,也是深入推进产教融合建设的破局之举,但有效建设产教融合型企业与产教融合型城市,仍需要理论与实践的不断探索。

劳动教育评价探索。2020年3月,中共中央、国务院印发《关于全面加强新时代大中小学劳动教育的意见》;同年7月,教育部印发《大中小学劳动教育指导纲要(试行)》。依据上级文件精神,各级各类学校积极推进劳动教育改革。加强教育督导与考核评价是劳动教育取得实效的重要保障,这也是许多教育工作者和研究者探讨的重要主题。

本书紧紧围绕上述五个高职教育改革热点进行探讨,在政策文件、院校实践和已有文献三维定位中,尝试澄清问题、拓展理论,并提出诸多可行的创新举措,以期为高职院校改革发展提供借鉴与参考。

目 录

第一章　课程思政建设与改革 …………………… 001
　一、课程思政建设的提出 …………………… 001
　二、课程思政建设的理论基础 …………………… 003
　三、课程思政建设的目标诉求 …………………… 006
　四、课程思政建设的路径策略 …………………… 011

第二章　信息化教学改革创新 …………………… 018
　一、信息技术与课程的深度融合 …………………… 018
　二、信息化教学的有效性评价 …………………… 027
　三、信息化教学模式创新探究 …………………… 047
　四、师生信息素养评价 …………………… 059
　五、信息技术融入教学的有效性评价 …………………… 064

第三章　教学督导与质量保证 …………………… 082
　一、教学督导与质量保证理论研究 …………………… 082
　二、教学督导与质量保证实践探索 …………………… 089
　三、课程质量保证体系的理论构建 …………………… 110
　四、课程质量保证体系个案研究 …………………… 117

第四章　产教融合改革创新 …………………… 143
　一、产教融合中企业的困境与出路 …………………… 143
　二、产教融合型企业的建设与培育 …………………… 152

三、产教融合型企业的认定与评价 …………………………… 157
　　四、产教融合型城市的建设与评价 …………………………… 165

第五章　劳动教育评价探索 ……………………………………… 173
　　一、劳动教育发展历程 ………………………………………… 173
　　二、高职院校劳动教育 ………………………………………… 179
　　三、高职院校劳动教育评价 …………………………………… 188

后　记 ……………………………………………………………… 193

第一章　课程思政建设与改革

课程思政，即在非思政课程教学中落实立德树人的根本任务，将价值塑造、知识传授和能力培养三者融为一体，以实现与思政课程同向同行，并形成协同效应。在中共中央、国务院的高度重视和各级教育行政部门的要求下，课程思政建设已成为高校教育教学改革的重点之一，相关理论研究成果爆发式增长，改革实践也在高校和教师的努力下尝试推进。然而，走过改革初期、步入深水区之际，诸多问题不断涌现。从实践的角度厘清相关问题，对推进改革更有意义。

一、课程思政建设的提出

长期以来，高校思政课总受到冷遇：课堂上学生缺勤、睡觉、上课不投入，或干脆做其他学科作业等现象较为普遍；加之纯理论宣讲与灌输教学，导致更多学生厌恶思政课，以致课堂教学效果堪忧。与此同时，由于对分科教学的错误理解，思政教育被认为是思政教师的专项教学任务，其他课程教师则只从事相应课程的纯专业教学，以致思政教育成为"孤岛"。思政教育与专业教育原本是合一的整体，却被错误理念强行割裂，以致出现"两张皮"现象。高校思政教育落后，则容易出现部分大学生理想信念不坚定、社会责任感缺失、价值观扭曲的现象。这与中国特色社会主义合格建设者与可靠接班人相去甚远，严重影响社会主义现代化目标的实现，影响中华民族伟大复兴的中国梦的实现，高校思政教育改革迫在眉睫。

2004年8月，中共中央、国务院《关于进一步加强和改进大学生思想政治教育的意见》指出："高等学校思想政治理论课是大学生思想政治教育的主渠道。""高等学校各门课程都具有育人功能，所有教师都负有育人职责。广大教师要以高度负责的态度，率先垂范、言传身教，以良好的思想、道德、品质和人格给大学生以潜移默化的影响。要把思想政治教育融入到大学生专业学习的各个环节，渗透到教学、科研和社会服务各个方面。要深入发掘各类课程的思想政治教育资源,在传授专业知识过程中加强思想政治教育,使学生在学习科学文化知识过程中,自觉加强思想道德修养,提高政治觉悟。""广大教职员工作都负有对大学生进行思想政治教育的重要责任。"①

2017年2月,中共中央、国务院《关于加强和改进新形势下高校思想政治工作的意见》强调:"坚持全员全过程全方位育人。把思想价值引领贯穿教育教学全过程和各环节,形成教书育人、科研育人、实践育人、管理育人、服务育人、文化育人、组织育人长效机制。坚持遵循教育规律、思想政治工作规律、学生成长规律。""要进一步办好高校思想政治理论课,充分发挥思想政治理论课的主渠道作用。""充分发掘和运用各学科蕴含的思想政治教育资源,健全高校课堂教学管理办法。"②

2017年12月,在教育部《高校思想政治工作质量提升工程实施纲要》中,"课程思政"一词首次被写入文件。"大力推动以'课程思政'为目标的课堂教学改革,优化课程设置,修订专业教材,完善教学设计,加强教学管理,梳理各门专业课程所蕴含的思想政治教育元素和所承载的思想政治教育功能,融入课堂教学各环节,实现思想政治教育与知识体系教育的有机统一。""研制课程育人指导意见,充分挖掘和运用各门课程蕴含的思想政治教育元素,作为教材讲义必要章节、课堂讲授重要内容和学生考核关键知识。发挥专业教师课程育人的主体作用,健全课程育人管理、运行体制,将课程育人作为教师思想政治工作的重要环节,作为教学督导和教师绩效考核的重要方面。"③

2019年8月,中共中央、国务院印发《关于深化新时代学校思想政治理论课改革创新的若干意见》,"课程思政"已上升为国家政策。其中强调:"深度挖掘高校各学科门类专业课程和中小学语文、历史、地理、体育、艺术等所有课程蕴含的思想政治教育资源,解决好各类课程与思政课相互配合的问题,发挥所有课程育人功能,构建全面覆盖、类型丰富、层次递进、相互支撑

---

① 中共中央,国务院.关于进一步加强和改进大学生思想政治教育的意见[EB/OL].(2004-10-15)[2021-09-06]. http://www.moe.gov.cn/jyb_xwfb/gzdt_gzdt/moe_1485/tnull_3939.html.

② 中共中央,国务院.关于加强和改进新形势下高校思想政治工作的意见[EB/OL].(2017-02-27)[2021-09-06]. http://www.gov.cn/xinwen/2017-02-27/content_5182502.htm.

③ 中共教育部党组.高校思想政治工作质量提升工程实施纲要[EB/OL].(2017-12-05)[2021-09-06]. http://www.moe.gov.cn/srcsite/A12/s7060/201712/t20171206_320698.html.

的课程体系,使各类课程与思政课同向同行,形成协同效应。"①

2020年4月,教育部等八部门印发《关于加快构建高校思想政治工作体系的意见》。文件指出:"全面推进所有学科课程思政建设。统筹课程思政与思政课程建设,构建全面覆盖、类型丰富、层次递进、相互支撑的课程体系。重点建设一批提高大学生思想道德修养、人文素质、科学精神和认知能力的公共基础课程。"②

2020年6月,教育部印发《高等学校课程思政建设指导纲要》,文件紧紧围绕"课程思政",在目的意义、内容体系、分类分科思政目标以及课堂、教师与评价等方面作了明确规定,为实践中推进"课程思政"建设提供了指导。③

2017年4月,上海市教委印发《关于推进上海高校课程思政教育教学改革试点工作的通知》,推进构筑"一核三环"的"课程思政"改革体系,即思政课为核心,"中国系列"选修课程、综合素养课程和专业教育课程为支撑的"课程思政"教育教学体系,④为推动"课程思政"广泛开展提供了示范。

二、课程思政建设的理论基础⑤

(一)教育和德育相关理论

一定社会的教育总是服务于该社会的政治和经济,为该社会培养合乎需要的人才。当前我国各级各类教育必须"坚持社会主义办学方向,落实立德树人的根本任务,坚持教育为人民服务、为中国共产党治国理政服务、为

---

① 中共中央办公厅,国务院办公厅.关于深化新时代学校思想政治理论课改革创新的若干意见[EB/OL].(2019-08-14)[2021-09-06].http://www.gov.cn/zhengce/2019-08/14/content_5421252.htm.

② 教育部,等.关于加快构建高校思想政治工作体系的意见[EB/OL].(2020-04-28)[2021-09-06].http://www.moe.gov.cn/srcsite/A12/moe_1407/s253/202005/t20200511_452697.html.

③ 教育部.高等学校课程思政建设指导纲要[EB/OL].(2020-06-01)[2021-09-06].http://www.moe.gov.cn/srcsite/A08/s7056/202006/t20200603_462437.html.

④ 张正光."思政课程"与"课程思政"同向同行的逻辑理路[J].思想政治课研究,2018(4):16-19.

⑤ 这部分内容笔者此前已有论述,可参见下文,收入本书时有改动.宁业勤.高职院校课程思政建设理论基础、目标与策略探析[J].大学,2022(35):29-32.

巩固和发展中国特色社会主义制度服务、为改革开放和社会主义现代化建设服务,扎根中国大地办教育,同生产劳动和社会实践相结合,加快推进教育现代化、建设教育强国、办好人民满意的教育,努力培养担当民族复兴大任的时代新人,培养德智体美劳全面发展的社会主义建设者和接班人"①。我国教育目标的这一定位从根本上决定了我国高校的办学目标。总体上看,德育有两条途径——直接道德教学(显性)与间接道德教育(隐性),通过思政课程开展的教学就是显性德育,通过其他学科课程或隐性课程开展的教学就是隐性德育。显性德育有诸多优势,但也有不少缺陷:一是德育课与其他课并列,会被认为德育有专人实施;二是德育内容宽泛,难以在有限课堂尽数传授;三是课堂实施的德育仅能实现道德认知,学生通过背知识、记要点就能考试及格,如此使得德育"智育化"。我国教育立德树人的根本任务与显性德育的不足决定了通过非思政课程开展隐性德育的必要,决定了全员、全程与全方位的施教机制存在的必要,而课程思政建设正是呼应这些需要的现实选择。

(二)课程价值论

课程价值论直接影响着课程目标的设定、内容的选择以及课程的实施与评价等。课程价值论主要体现在以下三种课程论中:一是学科中心课程论,该理论主张课程应以掌握学科基本知识、基本规律和相应技能为目标;二是人本主义课程论,该理论主张课程应有助于人的尊严、价值和潜能的实现与发展;三是社会再造课程论,该理论主张根据社会的需要确定课程相关活动,重视道德教育。②从实践来看,这三种观点既有其合理的一面,各自又都有着明显的缺陷。"当肯定价值的一元性而否定价值的多元性时,教育价值选择就会局限于教育价值的理想指向而脱离教育价值的现实指向,陷入脱离现实的理想主义;当肯定价值的多元性而否定价值的一元性时,教育价值选择就会与之相反,陷入没有理想追求的现实主义。"③因此,坚持三者共生与融合是课程价值的正确取向。美国教育家杜威说过:"当学校不再为真理而真理地去追求科学知识,而是出于其责无旁贷的社会意义去追求科学

---

① 习近平.在学校思想政治理论课教师座谈会上的讲话[N].人民日报,2019-03-19(1).
② 袁振国.当代教育学[M].北京:教育科学出版社,2004:135-139,230.
③ 张应强.论科学教育与人文教育的整合[J].高等教育研究(武汉),1995(3):50-56.

知识时,自然科学就摆脱了与人文学科的分离,而使自己具有人文特征;当道德生活的重心集中在运用理智去诊断和消除社会情境中的各种不幸时,理智的事物本身就变成了道德的事物。"①这句话意味着:课程的价值不应止步于传授知识与培养技能,更应着眼于其背后的人文价值与道德指向。课程价值论为课程思政坚持知识传授、技能培养与价值塑造"三位一体"的价值取向提供了重要的基础支撑。

(三)社会认知理论

美国心理学家班杜拉(A. Bandura)的社会认知理论为态度与品德的学习奠定了基础。班杜拉的三方互动决定论认为,个体(含期待、信念、目标、意向、情绪等主体因素)、行为和环境三者之间构成动态交互决定关系,比如环境影响个体信念的形成进而影响行为,或者环境影响行为再影响个体信念的形成,其他也都如此,环环相互影响。班杜拉指出,环境的影响主要通过观察学习和亲历学习进行,前者即观察环境中他人的行为及其后果而发生的学习,后者即在环境中亲身经历进行学习。通过观察个体可以习得新的行为模式,可以抑制不良或良好行为,也可以使原本抑制的不良行为重新发作,观察还可以促进新的学习或加强原先习得的行为。他认为,态度与品德的形成条件有三:榜样人物及其后果的影响;强化与惩罚;个人的信念。强化包括个体直接体验到自己行为结果而受到的强化,观察到榜样人物的行为受到赞扬间接受到的强化,以及个人自己控制强化事件的强化。②班杜拉的社会认知理论对院校开展德育奠定了理论基础,如强调环境的创设、榜样的力量、全面多重强化的作用等。这一理论进一步说明德育必须做到同向同行、润物无声,全员、全程、全方位开展。

此外,系统管理理论也是开展课程思政建设的重要理论基础。课程思政建设涉及教育教学与管理等各方面工作,需总体把握、统筹推进。

---

① 袁振国.当代教育学[M].北京:教育科学出版社,2004:230.
② 皮连生.教育心理学:第3版[M].上海:上海教育出版社,2004:243-251.

三、课程思政建设的目标诉求[①]

课程思政究竟是什么？对此，可谓见仁见智。有人认为它是一种理念，如"'课程思政'是指导高校各门各类课程充分发挥所承载思想政治教育功能，形成'全课程育人'格局的一种新时代教育理念"[②]。有人认为它是一种方法，如"必须旗帜鲜明把'课程思政'作为方法来实施，而把'课程思政'看成课程，或仅仅视为理念，有可能会使'课程思政'误入歧途，或无所适从"[③]。有人认为它是一种实践活动，如"'课程思政'是指依托、借助于专业课、通识课而进行的思想政治教育实践活动"[④]。有人认为它是一种模式，如"作为一种具有改革创新精神的教育模式，'课程思政'的应运而生是对传统思想政治教育方法的一次创新"[⑤]。还有人认为它是一种形式，如"课程思政是指依托课程这一载体，以隐性教育的方法，将思想政治教育的原则、要求和内容与课程设计、教材开发、课程实施、课程评价等有机结合起来的一种思想政治教育形式"[⑥]。

上述多视角界定，足以说明"课程思政"这一概念的复杂性。结合"课程思政"的产生及相关政策文件，我们认为，课程思政是一种策略。所谓教学策略，是在教学目标确定后，根据已定的教学任务和学生特征，有针对性地选择与组合相关教学内容、教学组织形式、教学方法和技术，形成具有效率意义的特定的教学方案。教学理念是观念形态的，教学策略的选择和运用受制于思想观念；教学方法是实施某种教学实践活动的详细具体的方式、手

[①] 这部分内容笔者此前已有论述，可参见以下二文，收入本书时有改动。宁业勤.高职院校课程思政建设探索[J].延边教育学院学报,2022(6):32-34；宁业勤.高职院校课程思政建设理论基础、目标与策略探析[J].大学,2022(35):29-32.

[②] 韩宪洲.以"课程思政"推进中国特色社会主义一流大学建设[J].中国高等教育,2018(23):4-6.

[③] 何玉海.关于"课程思政"的本质内涵与实现路径的探索[J].思想理论教育导刊,2019(10):130-134.

[④] 赵继伟."课程思政"：涵义、理念、问题与对策[J].湖北经济学院学报,2019(3):114-119.

[⑤] 宫维明."课程思政"的内在意涵与建设路径探析[J].思想政治课研究,2018(6):66-69.

[⑥] 陆道坤.课程思政推行中若干核心问题及解决思路——基于专业课程思政的探讨[J].思想理论教育,2018(3):64-69.

段和途径,教学策略是多种方式、方法的综合;而教学模式则是在一定教学理念指导下建立起来的较为稳定的教学活动结构框架和活动程序。由此不难看出,课程思政不是具体的方式、方法与形式,不是更具体的实践活动,也不是理念与模式,而是达成立德树人战略任务并解决高校思政教育"孤岛"与"两张皮"等问题的一种策略。

落实好课程思政这一策略离不开准确定位课程思政目标。对此,可从专业、课程及课程单元等三个层面进行考察。

在专业层面上,可从以下三个维度着手:一是普遍性德育目标,即作为大学生应具有的最基本的思想政治道德素养和职业素养;二是院校人才培养特色目标,即院校在各专业人才培养中共有的被突出要求的德育目标,如院校校训所期望的育人目标、院校因所有专业的相近性而共有的目标等;三是专业核心素养,即基于职场专业人才应具备的基本素养,是该专业各种就业岗位与方向共性育人目标的提炼。

在课程层面上的定位,首先要紧扣专业德育目标,其次要考虑到课程培养目标以及课程知识逻辑体系,总体把握知识与技能背后所蕴含的德育要求与德育内容。从课程的不同类型来看,公共基础课程重在人文素养、思想道德品质、身心健康等综合素质;专业课重在专业行业规范、职业道德与核心素养、思维方法与科学精神等;实践课重点关注创新精神、劳动精神、专业素养等。

在课程单元层面,单元德育目标是课程德育目标的细化与丰富,是教师设计教学方案并实施德育渗透的重要依据。在此需要说明的是,同一专业下的各课程和同一课程下的各单元在德育目标上的相互关系存在两种情况,一是单一独立型,即各课程或各单元德育目标相对独立,从而构成一个清晰明确的体系;二是重叠游离型,即各课程或各单元在德育目标上可重复出现,它们起着相互补充、相互强化的作用。

落实好课程思政这一策略,更要明确推进课程思政建设最终的价值诉求,这主要体现在以下方面。

(一)突显价值塑造以解决现实问题

长期以来,由于多种原因,高校思政课在学生中受到冷遇,教学效果堪忧。与此同时,在分科背景下,思政教育被认为只是思政教师的任务,以致思政教育成为"孤岛",与专业教育相剥离,形成"两张皮"。很显然,这样的人才培养与新时代党和国家对立德树人的教育期望相去甚远。

实际上,早在2004年,中共中央、国务院《关于进一步加强和改进大学生思想政治教育的意见》就明确指出:"高等学校各门课程都具有育人功能,所有教师都负有育人职责。""要深入发掘各类课程的思想政治教育资源,在传授专业知识过程中加强思想政治教育,使学生在学习科学文化知识过程中,自觉加强思想道德修养,提高政治觉悟。"①遗憾的是,实践中未能有效地贯彻落实文件精神。2017年教育部印发的《高校思想政治工作质量提升工程实施纲要》首次提出"课程思政"概念,《高等学校课程思政建设指导纲要》则专门围绕课程思政建设从各方面作了明确规定。至此,解决高校大学生思想政治教育长期存在的问题通过专项文件得以重新审视与着力解决。

由此不难看到,推进课程思政建设的首要目标即解决"孤岛"与"两张皮"问题,使非思政课程与思政课程同向同行并形成协同效应,使全体教师都肩负起育人职责,各科课程都充分发挥其价值塑造功能。

(二)强化立德铸魂以聚焦德育实效

从孔子的仁义礼、孝悌、忠信到朱熹的"穷理",再到王阳明的"致良知",以及作为重要教育内容的"四书五经",都表明伦理道德教育是我国古代教育最重要的目标。到近代德育、智育、体育成为教育的三个目标时,德育仍然是最重要目标,或者说是最高目标。

随着应试教育的盛行,"德育"与"智育"在教育目标的重要性上明显易位,伴之而起的是德育成为学校各项工作之一,即"德育工作",试图从教材、大纲、教师、教学等方面来加强德育,"知识、技能、情感、态度、价值观"成为各科教师每堂课必须明确且须达到的教学目标。在高职教育领域,"高素质"成为人才培养目标的第一要求,许多院校也一直从知识、能力与素质三方面定位每堂课的教学目标。

从以上发展历程来看,德育一直受到重视,各科课程也一直是实施德育的重要途径,只是在实践中落实不力、成效不显。当前,高职学生在思想政治道德等方面存在的问题与此不无关系,如政治立场不够坚定,理想信念和社会责任感缺失,价值观扭曲,易受外界不良风气影响等。在国际政治斗争加剧、敌对势力持续渗透的新形势下,这种德育弱化或成效不显的状况必须得到根本转变,否则将会危害到国家的稳定与发展。因此可以说,课程思政是德育在新形势下应对外界挑战而进行的自我提升与强化,推进课程思政建设旨在聚集德育实效,强化立德铸魂,为社会主义现代化建设培养合格的

---

① 中共中央,国务院.关于进一步加强和改进大学生思想政治教育的意见[EB/OL].(2004-10-15)[2021-09-06]. http://www.moe.gov.cn/jyb_xwfb/gzdt_gzdt/moe_1485/tnull_3939.html.

建设者和接班人。

(三)提升职业素质以契合职教特色

在高职院校推进课程思政建设,不能照抄本科院校的做法,必须明确高职教育的特殊性,才能确保建设的针对性与有效性。

高职学生的特殊性。

第一,生源上,高职学生来源多样,有普高生、中职生、社会扩招生等,来源的多样性决定了学生在知识、能力与思想道德及综合素质等方面的差异性与复杂性。

第二,在学习上,高职学生目标不清晰、兴趣不浓厚,厌于学习理论知识,特别是说教类思政知识;自控能力较弱,未形成良好的学习习惯;接受能力不强,文化基础薄弱,面对学习压力不能勇敢应对;求知欲不强,缺乏自信心;形象思维能力强,更愿动手操作。

第三,在心理表现上,高职学生自立意识强,喜欢表现自我,有强烈的自尊心,乐于参加各类校园活动,大多能与人和谐相处,有一定的抗挫折能力,但面对自己的能力以及未来又表现出诸多自卑、失落与伤感,常造成心理困境,不能正确看待自己,看待问题不全面不深刻,容易感情用事。

第四,在思想政治道德与价值观上,高职学生整体上积极、健康、向上,爱国、爱党、爱社会主义,但系统理论知识掌握不足,政治立场不够坚定,世界观、人生观、价值观还不够稳定,在道德认知与道德行为上会出现分离,易受外界不良风气影响,会出现利己主义、个人主义以及一些偏激想法,不能以主人翁责任感和使命感将个人发展与国家发展相结合,法律意识淡薄。

人才培养的特殊性。

第一,在人才培养目标上,高职教育培养的是掌握专业理论知识与岗位技能,面向生产、建设、管理、服务一线的"下得去、留得住、用得上"的高素质技术技能型人才。它服务经济与社会发展,以就业为导向,把培养学生实践能力和可持续发展能力放在突出地位。

第二,人才培养目标影响着人才培养过程的特殊性。高职教育应着重关注实践性,与生产劳动过程与社会实践活动相结合,坚持产教融合、校企合作、工学结合,做到专业与产业、职业岗位对接,专业课程内容与职业标准对接,教学过程与生产过程对接。应加强实习、实训等实践教学,强化学生实践能力培养。同时,高度重视学生的职业道德教育和法治教育,重视培养学生的诚信品质、敬业精神和责任意识、遵纪守法意识,培养学生的社会适应性,提高学习能力、实践能力、创造能力、就业能力和创业能力,学会交流沟通和团队协作。①

第三，人才培养目标与培养过程决定了课程内容体系的应用性。高职教育培养的是具备技术技能的人才，课程必须紧紧围绕"做什么、怎么做"呈现内容，坚持理论与实践无缝对接，使学生能动手、会操作；所学内容要适应经济社会发展、能为社会所用，根据新技术、新工艺、新方法等及时更新课程体系及内容；在"必需、够用"的原则下确保课程教学取得实效，使学生顺利就业且以高素质受到用人单位欢迎。②

课程思政的特殊性。

第一，高职教育是我国高等教育的重要组成部分，在学生数量上几乎占了整个高等教育的半壁江山。如此规模的受教育群体，他们的思想政治道德素质在一定程度上影响着国家未来政治、经济、文化等方面的建设与发展。与本科院校学生相比，高职院校学生总体上存在更多问题。这就决定在高职院校加强思想政治教育、实施课程思政更为重要也更紧迫。

第二，高职教育人才培养特色决定了高职院校推进课程思政建设有别于本科院校，在共性的基础上高职院校更应突出培养学生的职业综合素质：①作为普遍意义的"职业人"应具有的职业综合素养与作为某一岗位的"专业人"应具有的岗位素养，前者包括诚信品质、责任意识、敬业、合作与创新精神等，以及沟通、礼仪与学习等方面的能力，后者包括某一具体岗位人员应具备的与岗位工作密切相关的素质，这些素质对学生立足职场与长足发展具有决定意义；②劳动精神、劳模精神和工匠精神，这是高职学生作为生产、建设、管理、服务一线工作者应具有的重要精神品质，是学生未来职场获得成功并贡献社会的力量源泉；③法律意识和法治观念，高职学生总体上法律意识淡薄，在就业、创业以及专业岗位领域经常会遇到诸多法律问题，培养法律意识与法治观念是职场安全的重要保障；④自信、自立与自强等素养，高职学生普遍存在自卑心理，也经常陷入失落、伤感等心理困境，因此应积极开展激励教育，使他们树立崇高的职业理想，以主人翁责任感和使命感将个人发展融入国家发展之中。

第三，在高职院校推进课程思政建设，还应坚持"三结合"德育原则：①

---

① 教育部.关于全面提高高等职业教育教学质量的若干意见[EB/OL].(2006-11-16)[2022-04-05]. http://www.moe.gov.cn/srcsite/A07/s7055/200611/t20061116_79649.html.

② 宁业勤,楼世洲.高职院校课程质量保障体系的构成和实践[J].江苏教育,2020(76):20-25.

结合学生学习与生活实际,了解学生面临的普遍心理困境和实际问题,关注学生来源的差异性与复杂性,引导学生树立正确的世界观、人生观、价值观和职业理想;②结合社会发展中的热点人物与事件,引导学生正确分析与判断,强化正在形成中或摇摆中的道德信念;③结合专业技能培训,在实践教学中积极融入德育。

四、课程思政建设的路径策略[①]

(一)融入"三教"改革

将课程思政建设融入"三教"改革不失为一个有效策略。关于教师的作用,已有研究作了大量论述,此处不再赘述。

教材是学科知识的载体,是专业技能培养的重要依凭,推进课程思政建设,实现价值塑造、知识传授与能力培养三者统一,就必须以此为导向加强教材建设。教材在知识体系的呈现中,必须运用马克思主义观点和方法,站在马克思主义立场来演绎专业理论中的价值观,促使价值观教育内容为受教育者所内化。[②] 高职院校专业类课程教材中含大量的技术技能培养与指导性内容,在教材编撰中应突出其内含的精神和文化意义,关注其应用的社会环境、社会规范、人际伦理等,有意识地予以引导。

此外,在教材编写中,还应注意以下几点:一是选好教材中涉及的案例、英雄人物、科学家等,为开展德育提供便利;二是德育内容的呈现可以是成段文字,也可以是片言只语,可以是直接的,也可以是间接的,但都必须是自然的、无痕的,不作牵强附会;三是不同类别的课程,其教材在呈现德育内容上也有差异,人文社科类课程教材更丰富、更明显,理工类的相对更隐性,也更需要有意识地去挖掘。

教法的使用直接影响着课程思政建设成效。在此应注意以下方面。首先,应遵循道德发展规律与学生成长规律,遵循知、情、意、行道德发展模式,根据高职教育特点积极融入实习、实训等实践教学过程,坚持问题导向,积极回应学生关切。其次,依据高职学生的思想现状与心理特点,积极营造民

[①] 这部分内容笔者此前已有论述,可参见下文,收入本书时有改动。宁业勤.高职院校课程思政建设理论基础、目标与策略探析[J].大学,2022(35):29-32.
[②] 朱飞.高校课程思政的价值澄明与进路选择[J].思想理论教育,2019(8):67-72.

主型课堂氛围,坚持以学生为中心,本着师生平等原则,采用互助合作学习方式,在相互监督、相互促进中习得社会规范,思想政治道德素养也更易于养成。再次,班杜拉的理论提示我们,应提供学生观察学习的机会,如教师自身的形象与品质等,发挥榜样力量,如专业领域中的科学家、成功人士等。对故事人物进行及时评价,对网络舆情予以正确引导,多从不同角度说明某一道德观念,以强化信念的形成,小处着眼,见微知著。最后,课程思政更多的是隐性教育,就如做菜放盐,应做到适度、适量与适时。

(二)疏通堵点痛点

德育元素的挖掘与融入是课程思政建设的两个重要环节,也是改革的堵点痛点。德育元素是课程内容与德育相融合的"触点"、"融入点"或"契合点"。德育元素的挖掘就是要在内容体系中找到这样的"契合点",并由这一"点"生成德育内容。

德育元素的挖掘有以下三种途径:一是知识本身即具有德育意义,教师所要做的就是"点题";二是知识的延伸,在原有知识的基础上按照一定逻辑向着德育内容作合理延伸,做到润物无声;三是知识的联想与迁移,由某一知识点作合理的跳跃与联想,主动设计或随机生成与内容密切关联的德育内容,如案例、情境、热点人物或事件等,赋予其德育意义。

针对德育目标体系化和碎片化,有研究者赞成前者而否定后者。应该说,目标体系化的确能做到目标明确,但当一门课程德育元素极为"稀缺"而难以做到体系化时——如理工类课程——还如此强求,那就无法支撑起课程的价值塑造功能。还有人认为德育目标碎片化可能会使得同一德育目标重复出现,会让学生厌烦,达不到效果。其实不然,德育目标虽重复出现,但德育的具体内容不一定相同,而且从不同角度重复德育目标可以起到相互强化的作用。

从整个教学过程来看,德育元素的融入分课前融入、课中融入和课后融入。课前融入即将挖掘出的元素融入相关教学材料,包括课程标准、教学设计等,为课堂教学实施德育作详细、合理的预设。在设计中要考虑到高职院校的特殊性,要结合专业与课程的培养目标。课中融入即将预设的计划在课堂教学中付诸实施,除了计划性德育外,还要善于进行生成性德育,即利用课堂教学师生互动、讨论、自主探究中出现的未预见到的"契合点"及时进行有效德育。课中融入最关键的是教师的育人意识与育人能力,教师要做德育的有心人,在实践中不断提升德育能力。课后融入即基于德育目标结合课堂教学将德育融入课后学习活动之中,包括练习作业、活动任务、论文试题等,课后融入是课堂融入的强化、补充与延伸。

对课程思政元素的挖掘是推进课程思政实践的关键,挖掘思政元素应依据已定位的德育目标以及课程内容进行。相对专业课程而言,高职公共基础课程特别是人文素质类课程思政元素更为丰富。"中华优秀传统文化"是高职院校普遍开设的一门文化类公共基础课程,在德育课程体系中最接近思政理论课。该课程既是对学生开展德育的一门重要课程,其内容又是其他公共课程或专业课程在实施课程思政中用以融入的系列思政元素。结合相关文件要求与课程内容体系,我们定位该课程德育目标:大力弘扬以爱国主义为核心的民族精神,培养学生树立讲仁爱、重民本、守诚信、崇正义、尚和合、求大同等思想理念,自觉传承自强不息、敬业乐群、扶危济困等中华传统美德,提升政治素养,培育理想人格,增进文化自信,传承中华文脉,使学生富有中国心、饱含中国情、充满中国味。依此目标,该课程实施德育可设计框架如表1-1。

表1-1 "中华优秀传统文化"课程德育框架

单元主题	单元德育目标	教学内容	课程思政育人内容与目标	
中华文化概述	价值观念文化自信	传统文化产生的环境、发展历程;传统文化的精神与理念	文化产生的自然环境、经济基础与政治结构	培养家国情怀、民本思想与文化认同
			文化的发展历程	增强文化自信、自觉弘扬并传承优秀传统文化
			文化的基本精神(天人合一、以人为本、刚健有为、贵和尚中)	培养崇尚自然、爱好和平、维护统一的价值追求与自强不息、革故鼎新的民族精神
			文化的核心理念(讲仁爱、重民本、守诚信、崇正义、尚和合、求大同)	培养崇德弘毅、诚信守责、关爱社会等价值观,树立和平统一、天下大同的人生理想
哲学思想	家国情怀人文精神	儒家、道家、法家等哲学观念及其思想内容	儒家哲学思想	培养修齐治平的家国情怀以及内圣外王的人格追求
			道家哲学思想	培养天人合一的思想与超脱豁达、知常达变的人生智慧
			法家哲学思想	培养法律意识与法治观念

续 表

单元主题	单元德育目标	教学内容	课程思政育人内容与目标	
古典文学	爱国主义人文精神	唐诗、宋词、小说、戏剧等发展成就及其特征	唐诗（盛唐诗歌、李白与杜甫的艺术创作）	培养刚健、进取、自信的人生态度和心怀天下的家国情怀
			宋词（南宋词作风格、李清照与辛弃疾词）	培养爱国主义精神
			戏剧、小说（时代背景、作品内容及人物命运）	培养扶危济困、关爱社会、心存善念、弘扬正义等优秀品格和以人为本的思想
传统艺术	文化自信人文精神	书法、国画、建筑、雕塑、音乐、舞蹈等艺术发展及其成就；古代艺术审美特征	传统艺术的历史发展	激发学生自觉弘扬、传承与创新传统艺术文化
			传统艺术的伟大成就	培养民族自豪，增强文化自信
			传统艺术的审美特征	培养形神兼备、中和含蓄的审美取向以及由美入善、德艺双馨的价值追求
古代科技	工匠精神爱国主义	天文历法、四大发明、中医药、农业等方面发展及其成就	古代科技成就	培养民族自豪感与文化自信
			古代科技人物	培养求真务实、精益求精的工匠精神
			古代科技的被超越	培养爱国主义精神、创新精神与科学精神
民风民俗	政治认同文化自信	节日、饮食、服饰等民俗发展及其特征	节日（春节等）	培养圆满祥和的价值追求以及对党和国家的政治认同
			饮食（习惯、茶与酒等）	培养文化认同与自信
			服饰（民族服饰等）	培养多元、包容与团结的民族观念

再以"大学语文"课程为例。"大学语文"课程思政应紧扣高职教育人才培养的"高素质"目标，充分结合高职院校人才培养定位，立足于培养素质高、知识实、能力强并具有一定创新创业能力的德、智、体、美、劳全面发展的高素质技术技能应用型人才，紧紧围绕学校办学理念推进建设。"大学语文"作为一门通识教育课程，其培养目标如下。

知识目标：研读古今名家名作，了解重要作家及其代表性作品；了解中国文学基本常识，拓展文学视野；了解诗歌、散文、小说等主要文体特点及发展情况；掌握阅读、分析和评价文学作品的基本方法。

能力目标：能顺畅阅读、正确理解一般文章、学术著作和文学作品，能理解难度适中的文言文，能准确把握作品主旨与创作思路；能初步分析、评析欣赏文学作品；能熟练应用规范的汉语语言文字，具有较高的口头和书面语言表达能力；能在文学作品学习和熏陶的基础上，具备初步的创造与创新能力。

素质（思政）目标：以经典作品为依托，以文学发展为主线，以能力培养为核心，陶冶情操，使中华民族优秀的人文成果及其所蕴含的价值观念、道德标准、审美情趣、思维方式等内化为学生的道德品格，让他们学会用真、善、美的思想、完善的人格、正确的眼光来感知世界，认识人生，传承民族精神，增强文化自信，牢固树立社会主义核心价值观。

在育人元素的挖掘与融入上，"大学语文"课程应坚持：

①以经典作品为依托，文以载道，融入以崇德弘毅为重点的人格修养教育和以立己达人为重点的社会关爱教育。通过对作品思想主旨、作品内容、人物形象以及创作特色等方面的赏析，着重培养学生的人文精神，引导学生明辨是非、坚韧豁达、积极进取、诚信守责、心存善念、扶危济困、勇于担当、敢于创新、尊重自然，树立社会主义核心价值观，形成良好的道德品质和行为习惯，做讲仁爱、重民本、守诚信、崇正义的中国人。

②以文史发展为主线，以史润德，融入以爱国主义精神为核心、以家国情怀教育为重点的政治素养培育。在讲授中国文学发展历程、成就、重要文学流派及其代表作家作品时，着重培养学生爱国主义精神，引导学生以祖国的繁荣为最大的光荣，以国家的衰落为最大的耻辱，增强政治认同与文化自信，培养爱国情感，树立为实现中华民族的强国梦而不懈努力的共同理想追求，做有自信、能自强、尚和合、求大同的中国人。

③以能力培养为核心，以文化人，融入以彰显中国特色与中国风格为核心、以传承文脉为重点的国民语言教育。通过经典诵读、即兴演讲、作品鉴赏和书法创作等竞赛与培训，引导学生深刻理解我国语言文字特色，领悟形神兼备、情景交融的美学追求，汲取智慧、涵养品德、树立传统价值观念，在传承中华文脉中创新中华优秀传统文化。

在课程思政建设中，应紧紧围绕以下方面推进创新：

①深耕传统文化，挖掘思政元素。中国古典文学生动地展现了中华优秀传统文化的精神特质和民族文化心理，自始至终都充满拯物济世、关注现

实的理性精神与"文以载道"的教化传统。中国古典文学是中华优秀传统文化中我们最熟悉、喜爱的一种形态,是联结我们现代人与传统文化最重要的渠道。"大学语文"课程在推进课程思政建设中,紧扣课程的这一特性,在文学知识传授、阅读、鉴赏能力培养,以及作品赏析中积极融入价值塑造,在润物无声中开展思想政治教育,将课程的育人价值充分发挥出来。

②遵循德育规律,提升德育效率。在实施课程思政建设中,积极遵循知、情、意、行道德发展模式,在自学授课视频中初步感知学习内容,经主题讨论深化认知,在课堂引导启发下,逐渐树立观念,经竞赛、培训等升华认知,付诸实践。在知识传授与能力培养中晓之以理、动之以情,在历史发展的大背景下,以生动的作品内容与鲜活的人物形象诠释传统文化中的人文精神与家国情怀,激发学生强烈的爱国主义精神与文化自信,增强学生对党和国家的政治认同、情感认同、理论认同与制度认同,积极传承并创新中华优秀传统文化。充分运用现代信息技术,广泛采用混合式教学模式与讲授法、启发教学法、讨论法、示范教学法等,激发学生学习兴趣,提升德育效率。

③紧贴学生实际,突出职教特色。从教学内容中自然延伸,紧贴学生生活实际,呼应社会热点问题,通过讨论引导,在熏陶浸润中使学生牢固树立社会主义核心价值观,加强自身修养。深入发掘经典作品中的职业精神元素,包括诚信守责、敬业乐群、创新精神等,适时进行强化,为服务专业成长与发展奠定基础。通过诵读、演讲、写作等技能培训与竞赛,不断提升学生的语言文字表达与理解能力,在传承传统艺术文化中提升沟通、阅读与写作能力等,为学生职场适应与发展做足准备。

(三)完善评价机制

课程思政建设督导评价是确保课程思政建设有效落地并取得成效的重要机制。课程思政建设督导评价即对相关主体(包括高校、教师等)推进课程思政建设情况进行监督指导,促进课程思政相关政策文件贯彻落实,规范、引导课程思政建设行为。

从课程思政建设督导评价主体来看,一是校外(如上级教育行政部门或政府)对高校推进课程思政建设情况进行督导,高校成为评价对象;二是高校内部对教师落实课程思政建设情况进行评价,教师成为评价对象。两类评价在内容上是有差异的。

对高校的督导重在以下方面:一是思想政治工作的整体思路、"三全"育人机制、课程思政实施计划、相关人员责任分工等;二是课程思政实施情况,包括课程思政融入服务管理、教学科研、社会实践等情况,基于课程思政推进教材、专业、学科、课程建设情况，教师培训与考核以及课堂教学改革创新情况等；三是课程思政建设成效，包括校外各类课程思政项目、竞赛等方面的成绩，教材、专业、课程建设等方面的成果等。

对教师的评价，主要以课程教学为中心，一是各类教学材料渗透德育情况，包括课程标准、教学设计等；二是课堂教学，包括教师的德育意识、德育方法与德育能力等；三是课程思政建设成果，包括课程建设成果、教学类竞赛成绩以及相关科研成果等。

综上所述，在高职院校有效推进课程思政建设，必须以教育和德育相关理论、课程价值论和社会认知理论等为基础，牢牢把握办学方向，充分发挥课程的育人价值，遵循德育规律。建设中应锚定目标，在突出课程的价值塑造功能中解决思政教育"孤岛"、"两张皮"等现实问题，使非思政课程与思政课程同向同行并形成协同效应；强化立德铸魂以聚焦德育实效，全面提升学生的思政道德素质；根据职业教育人才培养目标和特点，着力培养学生的职业态度、职业品质和职业精神等。以"三教"改革为切入点，编好教材、用对方法、做个有心人是课程思政建设的关键；在教学内容中有效挖掘德育元素并全程融入课程教学是课程思政建设的重点；完善评价机制，发挥评价的监督、指导与激励、规约功能是课程思政建设的重要保障。

第二章　信息化教学改革创新

现代信息技术早已广泛应用于各级各类学校课程建设与课堂教学,而学校教育教学的需要,反过来进一步刺激着各类信息技术的开发与应用,信息技术与教育教学联系日趋紧密。教育部先后发布的《教育信息化十年发展规划(2011—2020年)》《关于加强高等学校在线开放课程建设应用与管理的意见》《教育信息化"十三五"规划》与《教育信息化2.0行动计划》等文件,极大地推动了教育信息化发展。在信息技术不断整合并广泛应用于课程教学的过程中,几类网络课程日趋定型并受到人们的认可,如网络精品课程、大规模在线开放课程(MOOC)、小规模校本开放课程(SPOC)、微课程等。而且,这些网络课程与课堂教学相结合,又产生了诸多不同的教学模式,如翻转课堂、混合式课堂等。

毫无疑问,利用信息技术开展课程教学,其出发点和落脚点应定位于提升教学效率与教学质量。然而,实践中这一基本理念有缺失之嫌,人们更多的是追求信息技术应用实践本身,而忽视了其本应带来的实践效果;更关注信息技术给教学带来的低层次价值,如方便教与学,而忽视其应有的更高层次价值,如达成课程教学目标、提升教学质量等。产生这一现象最根本的原因在于,人们对信息技术的应用缺乏理性认识,过分追求形式上的创新,脱离课程培养目标,盲目跟风,以至于课程信息化建设轰轰烈烈,课堂教学实践无实效。正因如此,在信息技术融入课程教学经历形式上的发展阶段后,理性、深入地探讨这一融入过程及其实效,必要且紧迫。

一、信息技术与课程的深度融合

(一)整合与融合

2000年,教育部发布了《关于在中小学普及信息技术教育的通知》,其中提出:努力推进信息技术与其他学科教学的整合,鼓励在其他学科的教学中广泛应用信息技术手段并把信息技术教育融合在其他学科的学习中。自此,"整合"一词成为研究领域中的热点。历经十余年的教育信息化发展,2012年,教育部发布了《教育信息化十年发展规划(2011—2020年)》,首次提出"信息技术应与教育深度融合"这一全新观念。"整合"与"融合"的辨析又成为人们讨论的话题,以下选择代表性观点予以分析。

何克抗认为,多年来教育领域没有实施由信息技术支持的重大结构性变革,只是将信息技术应用于改进教学手段、方法这类"渐进式的修修补补"上,或者是只关注了如何运用技术去改善"教与学环境"或"教与学方式"等,都没有触及教育系统的结构性变革。这正是《教育信息化十年发展规划(2011—2020年)》放弃传统的"信息技术与课程整合"的观念与做法,而倡导信息技术应与教育"深度融合"的全新观念与做法的特定背景——希望找到一种新的、真正有效的实现教育信息化的途径、方法,以解决长期以来信息技术在教育领域的应用成效不显的问题。可见"深度融合"观念和传统"整合"观念的根本区别就在于:前者要在运用技术改善"教与学环境"和"教与学方式"的基础上,进一步去实现教育系统的结构性变革;而后者则只是停留在运用技术去改善"教与学环境"或"教与学方式"的较低层面上,从来不敢去触动(或根本没有想到要去触动)更深层次的"教育系统结构性变革"问题。[1] "课堂教学结构的变革"又是指什么呢?就是将信息技术有效地融合于各学科的教学过程,以此来营造一种信息化教学环境,既能充分发挥教师主导作用又能突出学生主体地位,实行以"自主、探究、合作"为特征的新型教与学方式,从而把学生的主动性、积极性、创造性较充分地发挥出来,使传统的课堂教学结构发生根本性变革——由以教师为中心的教学结构转变为"主导—主体相结合"的教学结构。[2]

李玉顺认为,"整合"与"深度融合"两者的发展诉求、发展方向是相同的,但对信息技术在教育教学作用程度的诉求是不同的,"并由此而影响这一程度系统化相关要素建设与配套支撑要求是不同的"。从词义理解来看,"整"是两个相互独立事物的连接、集成,是"外力"干预下的目标诉求,"融"是构成两个事物的要素从"基因"层次上相互作用、相互影响,创生出新的生态元素、新的生命结构,是"内因"驱动的原发性诉求。也就是说,"融合"更

---

[1] 何克抗.学习"教育信息化十年发展规划"——对"信息技术与教育深度融合"的解读[J].中国电化教育,2012(12):19-23.
[2] 何克抗.如何实现信息技术与教育的"深度融合"[J].课程·教材·教法,2014(02):58-62,67.

追求信息技术与教育教学相互作用的双向影响,更追求在教育教学业务流程精细化分析基础上,实现各类元素的数字化迁移和信息化表征,包括课程设置、教学内容选择、内容呈现、教学组织形式创新、教学手段升级、教学流程优化、教学评价系统化、教与学关系重构等诸多方面。①

蔡旻君等认为,"整合"是协调各要素,以促进教学系统平衡的动态过程,而"融合"则是各系统要素实现动态平衡的结果。为了维系这种动态平衡,必须要为整合创设有利的时机和适宜的条件。深度融合令这种平衡状态相对保持得比较稳定和持久,乃至成为一种常态。当前信息技术与教学的深度融合就是借助技术促进学习方式的转变,使自主、合作、探究更易实现,信息技术与课程整合正是朝着这样一个目标奋进。同时,在教学的应用过程中,信息技术不断创新、不断适应教学需求,成为影响教学效果的重要因素,从而使信息化教学成为一种常态化教学。②

叶文良认为,整合就是将零散的要素组合在一起,形成有价值、有效率的整体。整合是物理层面的简单组合,而融合则是有相互渗透、彼此融合的"化学反应"的成分在里面。体现在信息技术与教学方面,整合是只把信息技术当成教学的一种辅助手段,物理上用音频、视频、图像等填补语言文字的表达空白,以达到更加直观的教学效果,提高学生的学习兴趣。融合则是将信息技术融入整个教学环节,包括备课、上课、课堂检测、课后反思以及师生交流等。信息技术不仅是一种手段,而且是教师教学的内在素质,应完全渗透到教师的思维和行为之中。③

综合上述各家之言,不难发现"整合"与"融合"存在以下方面关联。首先,"整合"处于教育信息化发展的前期,这时信息技术尚不发达,实践教学中仅是有限应用;"融合"则处于教育信息化发展的中后期,信息技术丰富发达,"互联网+"的理念深入人心,实践教学应用广泛。其次,二者体现了人们认识事物的一般规律,由浅入深、由低级到高级,二者本质上并无差异,都体现了人们对技术工具的价值诉求,只是"深度融合"更能表达人们现阶段的需要。再次,"整合"的诉求局限于课程(课堂)教学与人才培养,"融合"的视野更高远、涵盖范围更广,不仅包括课堂,还包括教育管理等。最后,二者

---

① 李玉顺.信息技术与教育教学深度融合的发展需求与趋势[J].中国教育信息化.2014(12):3-8.
② 蔡旻君,等.信息技术与教学缘何难以深度融合——兼论信息技术应用于课堂教学时需正确处理的几组重要关系[J].电化教育研究,2014(10):23-28,47.
③ 叶文良.如何推进信息技术与教育教学的深度融合[J].当代教育实践与教学研究.2014(11):1-2.

都是针对传统课堂教学以及整个教育体系固有弊端而提出的,都旨在改革现存问题,二者的目标与方向是一致的,即便是当下"融合"期望的阶段,早前"整合"的目标我们仍然未达成。因此,早前有关"整合"的理论与实践成果仍然能为我们提供指导与参考。

(二)深度融合的政策解析

为了促进教育信息化发展,教育部先后发布了多个政策文件,以下摘抄部分内容并予以分析。

1. 政策摘抄

(1)《教育信息化十年发展规划(2011—2020年)》[①]

探索现代信息技术与教育的全面深度融合,以信息化引领教育理念和教育模式的创新,充分发挥教育信息化在教育改革和发展中的支撑与引领作用。

充分发挥现代信息技术独特优势,信息化环境下学生自主学习能力明显增强,教学方式与教育模式创新不断深入,信息化对教育变革的促进作用充分显现。

建设智能化教学环境,提供优质数字教育资源和软件工具,利用信息技术开展启发式、探究式、讨论式、参与式教学,鼓励发展性评价,探索建立以学习者为中心的教学新模式,倡导网络校际协作学习,提高信息化教学水平。

重点推进信息技术与高等教育的深度融合,促进教育内容、教学手段和方法现代化,创新人才培养、科研组织和社会服务模式,推动文化传承创新,促进高等教育质量全面提高。

(2)《教育信息化"十三五"规划》[②]

要通过融合创新提升教育信息化的效能。要通过深化信息技术与教育教学、教育管理的融合,强化教育信息化对教学改革,尤其是课程改革的服

---

① 教育部.关于印发《教育信息化十年发展规划(2011—2020年)》的通知[EB/OL].(2012-03-13)[2022-04-05]. http://www.moe.gov.cn/srcsite/A16/s3342/201203/t20120313_133322.html.

② 教育部.关于印发《教育信息化"十三五"规划》的通知[EB/OL].(2016-06-07)[2022-04-05]. http://www.moe.gov.cn/srcsite/A16/s3342/201606/t20160622_269367.html.

务与支撑,强化将教学改革,尤其是课程改革放在信息时代背景下来设计和推进。要聚焦教育改革发展过程中困扰教学、管理的核心问题和难点问题,将信息技术融入教学和管理模式创新的过程中,以创新促发展,推动教育服务供给方式、教学和管理模式的变革,形成中国特色的教育信息化发展路径。

(3)《教育信息化2.0行动计划》[①]

以习近平新时代中国特色社会主义思想为指导,全面贯彻党的十九大精神,围绕加快教育现代化和建设教育强国新征程,落实立德树人根本任务。

发挥技术优势,变革传统模式,推进新技术与教育教学的深度融合,真正实现从融合应用阶段迈入创新发展阶段,不仅实现常态化应用,更要达成全方位创新。

持续推动信息技术与教育深度融合,促进两个方面水平提高。

促进教育信息化从融合应用向创新发展的高阶演进,信息技术和智能技术深度融入教育全过程,推动改进教学、优化管理、提升绩效。

2.政策分析

从上述文件内容我们可以明确以下几点。

第一,教育信息化是破解我国教育发展难题、促进教育创新与变革的重大举措,是从教育大国走向教育强国的重大战略抉择;教育信息化在实现教育公平和优质教育资源广泛共享、提高教育质量、建设学习型社会、推动教育理念变革、培养具有国际竞争力的创新人才等方面具有独特的重要作用,是实现我国教育现代化宏伟目标不可或缺的动力与支撑。

第二,要充分发挥教育信息化的作用,必须充分发挥其优势,注重信息技术与教育的全面深度融合,"深度融合"是教育信息化的关键,是达成其目标的必经之路。

第三,"融合"是为了创新,通过创新变革传统模式,促进教育内容、教学手段和方法现代化,创新人才培养、科研组织和社会服务模式,改进教学、优化管理、提升绩效,形成中国特色的教育信息化发展路径。

第四,深化应用是"融合创新"的重大策略,没有应用也无从融合与创

[①] 教育部.关于印发《教育信息化2.0行动计划》的通知[EB/OL].(2018-04-18)[2022-04-05].http://www.moe.gov.cn/srcsite/A16/s3342/201804/t20180425_334188.html.

新,必须走"深度融合"到"深化应用"再到"创新发展"的提升之路,应用是信息技术与教学、管理的结合点,也是教育信息化的生命力源泉,通过应用带动环境营造、支撑核心业务,加快构建以学习者为中心的教学和学习方式,从而实现教育创新与变革。

第五,教育信息化的重点是教学信息化,利用信息技术优化教学环境、丰富教学资源、教学途径与软件工具,创新教学方式与教学模式,开展启发式、探究式、讨论式、参与式教学,鼓励发展性评价,建立以学习者为中心的教学和学习方式。

(三)深度融合的路径策略

信息技术如何与教育教学深度融合,对此,许多研究者开展了深入研究,综合其观点,主要有以下路径策略。

第一,解放思想,更新观念。必须解放思想,将信息技术与当代教育有机融合的观念普及全社会。[1] 黄家琴认为,很多人对信息技术与教育的结合持消极态度。为了解放、转变教师、家长的观念和思想,要加强思想观念上的引导,实现信息技术与教育的深度融合,将信息技术与当代教育有机融合的观念普及全社会,以达到预期的效果。[2] 任剑岚认为,观念认识是影响职业教育信息化实施的最大障碍之一。学校信息化建设的主导者是学校的主管领导,他们的理念关系到信息化建设成功与否。因此,只有他们转变观念,清楚地认识到教育信息化的核心理念应该是信息技术与教育教学的深度融合,教育信息化才能得到健康发展。[3]

第二,完善制度,优化环境。李玉顺认为,打造服务于学生学习和自我发展的有效环境,应在学习资源、在线课程、学习支持服务及混合学习方式的开展等方面持续努力。要在机制层面进行创新实践探索,要形成服务于"信息技术融合教育教学"实践的系统化环境。[4] 余胜泉指出,建设数字化硬件环境,为整合提供物质条件——如数字教室、数字化办公室、数字校园建设等——之外,还应搭建各种教学应用软件平台。硬件的发挥还有赖于与

---

[1] 杨宗凯,等.论信息技术与当代教育的深度融合[J].教育研究,2014(03):88-95.
[2] 黄家琴.信息技术与当代教育的深度融合路径研究[J].教学与管理,2015(11):41-43.
[3] 任剑岚.职业教育与信息技术的深度融合[J].教育与职业,2015(2):43-44.
[4] 李玉顺.信息技术与教育教学深度融合的发展需求与趋势[J].中国教育信息化.2014(12):3-8.

学校各种业务相关的应用软件平台,包括教学平台、资源平台、管理平台、通信平台。应将信息化教学制度化,推进信息技术与课程全面整合,将信息技术作为教学与管理的必备工具,使信息技术进入每一个教室、每一个教师的每一课堂。[1]

第三,丰富资源,共建共享。杨宗凯认为,优质教育资源共享是促进教育均衡发展的关键,也是实现教育公平的根本保障。信息化在配置优质资源方面的关键作用包括"共建"和"共享"两方面。"共建"主要体现在优质数字教育资源的供给方面。应建立优质资源的审查与评估机制,严格把控教育资源的质量,突出提升教育供给侧的质量与创新性。"共享"主要体现在利用信息技术让每一所学校享有优质数字教育资源。传统的资源"共享"方式是用户主动搜索来获取资源的定位,今后利用大数据分析技术对用户进行分析,根据各级各类学校教学实际需求,主动推送个性化资源的情况将越来越普遍。[2]

第四,加强培训,提升能力。蔡旻君等认为,信息技术与课程融合,其最终的实施效果同教师的素养能力密不可分。因此,应重视对教师教育技术能力的培养,充分发挥教师主体能动性,扩大教师个人对学生学习的影响力,提升教师能力,解决融合的实施问题,使融合能落到实处。[3] 余胜泉认为,整合的关键是教师,离开了教师的积极参与,整合将无从谈起。为此,需要对教师实施四个层面的培训:培训现代信息环境下先进的教育理论,转变传统的教学观念;培训教师信息技术能力,使他们能够运用技术表达教学内容,优化教学结构;教学设计方法培训,使教师能够很好地规划和设计自己的教学;信息技术与课程整合模式培训,使教师了解信息化教学展开的具体进程与方式。[4]

第五,创新评价,加强管理。杨宗凯认为,评价环节是信息技术与教育融合的重点和难点。以对教师的教学评价为例,传统对教师的评价主要通过听课、评课等方式进行,这种依靠经验和观察的评价方法局限性很大。未来的评价将运用大数据思维实现多元评价,依据教师教学过程数据、学生对教师的评价数据以及教师日常活动数据等进行综合分析与评价。[5]

---

[1] 余胜泉.信息技术与课程整合的目标与策略[J].人民教育,2002(02):53-55.
[2] 杨宗凯.推进信息技术与教育的深度融合[J].中国教育学刊,2016(11):151.
[3] 蔡旻君,等.信息技术与教学缘何难以深度融合——兼论信息技术应用于课堂教学时需正确处理的几组重要关系[J].电化教育研究,2014(10):23-28,47.
[4] 余胜泉.信息技术与课程整合的目标与策略[J].人民教育,2002(02):53-55.
[5] 杨宗凯.推进信息技术与教育的深度融合[J].中国教育学刊,2016(11):151.

此外,还有学者提出,为实现信息技术与教育教学深度融合,还应积极对外开放,大胆借鉴发达国家的成功经验;创建协同创新中心,为信息技术与教育的深度融合提供整体支持;把融合理念融入课程标准;坚持应用为导向;参与课题研究,开展校内、校际交流等。

(四)深度融合的表征

信息技术与教育教学深度融合的过程样貌与最终结果状态如何,是许多研究者极为关注的问题,这从另一个角度为实践中的深度融合提供了指导。

杨宗凯等在《论信息技术与当代教育的深度融合》一文中围绕融合的主要表征,从五个方面作了较全面的论述。

一是信息技术革新传统教育模式。信息技术的融入有效地突破了传统教育模式存在的三大困境,即教育的分段性、供有限人群的择取性与封闭性。

二是信息技术促进教学方式变革。传统教学中的以教师为中心、知识单向传输、"一刀切"、"齐步走"等,在信息技术融入后得到彻底变革,有利于学生学习兴趣的激发和认知主体作用的发挥,有利于培养学生主动探究的创新精神,为以教师为主导的差异化教学和以学生为中心的个性化学习提供了有力支撑。

三是信息技术催生新型教学工具。传统的教学工具功能单一、交互性弱、损耗性大、疏于灵巧。信息技术的应用则有效地避开了传统教学的种种限制,可以催生更多新型教学工具,它们大多具备多功能、可持续以及灵活轻便等优点,对有效提升教学质量起到积极的作用。

四是信息技术助力教学内容创新。传统教学内容体现了知识和经验的系统性,但也暴露了更新慢以及与社会需求脱节等弊端,难以适应信息技术的快速发展。因此必须突破以往单科内容的组织与教学,强调重组知识架构和拓宽专业技能。此外,信息技术本身也成为教学内容的一个主要元素。

五是信息技术营造全新学习环境。学习环境通常是指由学习者和与之相关的学习场所、学习目标以及学习活动组成的社会和物理环境。传统学习环境定时、定点、四周有围墙,而信息技术则打破了时空界限,使生活环境和学习环境融为一体,形成一种全新的、高度智能的信息化学习生态环境。[1]

潘琰等探讨了信息技术与教育教学深度融合对大学教学形态产生的

---

[1] 杨宗凯,等.论信息技术与当代教育的深度融合[J].教育研究,2014(03):88-95.

影响。

一是教育理念的现代化。教师从知识的传授者与灌输者转变成学生学习的指导者与辅助者,学生从被动接受知识的受体变成主动探索知识的主体。

二是教学方式时代化。信息技术融入大学课堂,彻底改变了"一支笔、一张嘴、满堂灌"的传统教学方式,使大学教学步入图文并茂、声像俱佳的现代化多媒体教学时代。

三是教学资源多元化。高速发展的信息技术为大学师生提供了海量的多元化教学资源,无处不在的网络使得这些教学资源得到了最大程度的共享。

四是教学模式多样化。信息技术的应用使各种教学资源、各个教学要素和教学环节相互融合,构建了多样化的人才培养创新模式。

五是信息素养普及化。在融合发展过程中,教师的信息意识以及信息获取、信息筛选、信息分析、信息处理与信息呈现能力全面提升。

六是教学行为艺术化。信息技术融入课堂教学,以学生的视角看,教学操作充满智慧与趣味,教学语言唯美且富有感染力,教师的教学行为变成美的表现和美的创造活动。由此学生在教学过程中愿学、乐学、会学。

七是教学评价多维化。信息技术与大学教学深度融合,应将信息技术因素的影响考虑在内,以教师、学生、教学过程、教学资源这四个教学要素作为考察的维度,以作为教学主体的学生为主,建立多维度的评价指标体系。[①]

何克抗认为,要通过信息技术与教育深度融合实现教育结构性变革,教育结构性变革集中体现于课堂教学结构性变革,深度融合的实质与落脚点是要变革传统课堂教学结构:将教师主宰课堂的"以教师为中心"的传统教学结构,变为既能充分发挥教师主导作用,又能突出体现学生主体地位的"主导—主体相结合"的教学结构。这一结构包括三个基本属性:营造信息化教学环境;实现新型教与学方式;变革传统的课堂教学结构。营造信息化教学环境是信息技术与课程整合的基本内容(所谓信息化教学环境是指能够支持真实的情境创设、启发思考、信息获取、资源共享、多重交互、自主探究、协作学习等多方面要求的教与学方式的教学环境);实现以"自主、探究、合作"为特征的新型教与学方式则是一节"整合"课的具体目标;在此基础

---

① 潘琰,等.教学的嬗变:信息技术与大学教学的深度融合[J].教育与职业,2015(27):33-37.

上,促使"主导—主体相结合"的新型教学结构形成。①

总之,信息技术与教育教学深度融合是对传统教育模式的全面革新,教学方式、工具、内容和学习环境都推陈出新。而这些背后是教育理念的现代化、教学参与者(教师、学生)身份的转变、评价的多维化。上述都是当下教育体系结构性变革的表征。

二、信息化教学的有效性评价

(一)有效教学

什么是有效教学?仁者见仁,智者见智。从已有的定义来看,有两种不同倾向,即有效教与有效学。

侧重于有效"学"的如 J. M. Border(J. M. 博德)和 J. H. Dorfman(J. H. 多尔夫曼),他们认为有效教学是指"能有效地促进学生的学习,完成教学目标"②;又如 C. Kyriacou(C. 基里亚库),他认为"有效教学主要关心某种教育活动怎样更好地促进学生的理想学习"③。

谈及教学往往特指"教",因此,侧重于有效"教"的定义更多,如高慎英等认为凡是能够有效地促进学生的发展,有效地实现预期的教学结果的教学活动,都可称之为"有效教学";④姚利民认为在一定的教学投入内(时间、精力、努力)带来最好教学效果的教学,是卓有成效的教学等。⑤

那么有效教学究竟是指"教"还是"学"呢?对此,胡晓玲认为,学是一切教的根源,是教学开展的逻辑起点和归宿,也是教学赖以存在的基础。但是在有效教学的问题上,我们不是探讨教学存在的目的与意义,而是探讨如何提高教学的质量与效率,寻求提高的途径与方法,这时的出发点应该是教学,因而从教学本身的立场分析有效教学似乎更合乎情理。⑥

---

① 何克抗.如何实现信息技术与教育的"深度融合"[J].课程·教材·教法,2014(02):58-62,67.
② J. M. Border & J. H. Dorfman. Determinants of Teaching Quality: What's Important to Students? [J]. *Research in Higher Education*,1994,(35):235-249.
③ C. Kyriacou. *Effective Teaching in Schools*[M]. Basil Balackwell, Ltd., 1986.
④ 高慎英,刘良华.有效教学论[M].广州:广东教育出版社,2004.26-27.
⑤ 姚利民.大学有效教学特征之研究[J].现代大学教育,2001(06):55-57.
⑥ 胡晓玲.信息化教学有效性解读[J].中国电化教育,2012(05):33-37.

实际上,"教"与"学"是一个整体,难以分割,离开"学"或"教"任何一方的有效性都不能说这种教学活动是有效的,上述定义中也存在教与学两种因子。也正因如此,有研究者跳出具体的界说,从整体上来诠释有效性。有效性应该包括三个方面的内涵,即有效果、有效益和有效率。效果、效益、效率在这里应该是层级递进的关系。任何一个教学活动都会产生一个结果,如果结果是好的,可以认为教学是有一定效果的。如果好的结果与预期的目标能吻合或达成一致,可以认为教学获得了一定的效益。如果在获得好的效益时,投入能尽量缩到最小,就可以认为教学取得了一定的效率。有效果、有效益是有效教学的基本要求,而有效率是有效教学的最高目标。[①]

(二)信息技术的教学功能

信息技术与教育教学深度融合的关键,是如何有效应用信息技术的优势来更好地达成课程教学目标。那么,信息技术在教学中究竟有什么功能呢?对此,许多研究者作了探讨。

余胜泉从信息技术与课程整合的角度阐述了信息技术的功能。

一是信息技术作为演示工具,教师综合利用各种教学素材,编写自己的演示文稿或多媒体课件,清楚地说明讲解的结构,形象地演示其中某些难以理解的内容,帮助学生理解所学的知识。

二是信息技术作为交流工具,起到完成师生之间情感与信息交流的作用。

三是信息技术作为个别辅导工具,操练练习型软件和计算机辅助测验软件,让学生在练习和测验中巩固所学的知识。

四是信息技术提供资源环境,用各种相关资源来丰富封闭的、孤立的课堂教学,极大扩充教学知识量。

五是作为情境探究和发现学习工具,利用多媒体集成工具或网页开发工具,将需要呈现的课程学习内容以多媒体、超文本、友好交互等方式进行集成、加工处理转化为数字化学习资源,创设一定的情境,并让学习者在这些情境中进行探究、发现。

六是作为信息加工与知识构建工具,主要培养学生的信息加工、信息分析能力和思维的流畅表达能力,强调学生在对大量信息进行快速提取的过程中,对信息进行重整、加工和再应用,将信息技术作为知识构建工具以达到对大量知识的内化。

---

① 胡晓玲.信息化教学有效性解读[J].中国电化教育,2012(05):33-37.

七是信息技术作为协作工具,学生可以实现相互交流,参加各种类型的对话、协商、讨论活动,培养独立思考、求异思维、创新能力和团队合作精神。

八是信息技术作为研发工具,很多工具型教学软件都可以为研究性的教学和学习提供很好的支持,探索式教学和问题解决式教学都是将信息技术作为研发工具的典型教学模式。①

Ricki Goldman-Segall(里基·戈德曼-西格尔)和 John W. Maxwell(约翰·W. 马克斯韦尔)归纳了人们对技术在教学中作用的多种认识,主要有以下几种。

(1)信息观:信息技术是信息源。信息观认为技术——尤其是计算机及网络技术——的主要功能是提供信息,即作为学习的信息源,是承载和传播信息的媒体。

(2)课程观:信息技术作为学习内容。课程观将计算机技术看作课程领域的学习内容。

(3)交互观:信息技术作为交流媒体。将计算机用作交流目的,这一技术突破了信息交流和共享的时空限制,为随时随地学习和网络化合作学习提供了可能,计算机技术成为学习交互的手段。

(4)支架观:支架的隐喻最初是指教师的作用,包括提供支持的特征、提供支持工具、扩大学习者的学习范围、使学习者完成独立情况下无法完成的任务等。

(5)工具观:信息技术作为思维工具。这种观点认为,技术是帮助学习者进行思考的工具,将信息技术作为工具在教学中的应用分为效能工具、研究工具、通信工具和认知工具。

(6)环境观:信息技术作为学习环境。环境观认为,技术是学习环境的组成部分。技术作为工具还是作为环境,这两者间的界限并不十分明显。事实上,当将工具和人造制品作为文化生态的一部分时,这两种观点更是互相渗透的。②

综上所述,信息技术在教育教学中的功能主要有:变革教学与学习方式,创新教学模式,增强师生、生生互动、交流与合作,激发学习动机,提升学习兴趣,攻克教学重难点,营造教学情境与环境,促进知识建构与探究能力提升,培养学生信息素养,丰富教学资源,创新教学内容等。

---

① 余胜泉. 信息技术与课程整合的目标与策略[J]. 人民教育,2002(02):53-55.

② Ricki Goldman-Segall & John W. Maxwell. *Computer, the Internet, and New Media for Learning*[M]. John Wiley & Sons, Inc. ,2003.

(三)信息化教学的有效性

1. 概念与内涵

刘美凤从效果、效率和效益三方面对信息化教学有效性进行了界定,她认为信息技术在教育中的"有效应用"体现在三个方面,即有效果、有效率和有效益。所谓"有效果"主要是指信息技术的应用达到预期目标的程度。所谓"有效率",指在信息技术教育应用方面,在达到相同效果的基础上,师生是否缩短了课堂教学时间。"有效益"则主要体现在社会效益方面,即教师在课堂中恰当有效地利用信息技术,加之以信息技术建构的现代化校园环境,让学生生活在与信息社会生产方式、环境相一致的教育方式和校园环境当中,有利于学生的社会化成长,有利于学生更好地适应社会、融入社会。[①]

王贤文认为,信息化课堂教学的"有效",是对信息技术作为一种工具、媒介和方法融入课堂教学的各个层面所产生价值的考察。具体包括两层含义:一是指信息技术的有效利用,即指在课堂教学过程中,教师、学生能够有效率、有效益和有效果地利用信息技术;二是信息化课堂教学的结果,能够达成"有效教学",即教师实现教学目标,学生获得全面发展。前者是手段,后者是结果。[②]

综合上述观点,我们认为,信息化教学有效性就是信息技术支撑的教学活动有效地达成了教学目标,学生在知识、能力与素质上达到预期结果。从教学过程来看,这些教学活动包括师生课前准备(如教学设计、学生预习等)、课堂教学与课后师生活动,即课前、课中和课后三个环节中的所有师生活动;预期结果即某一特定的教学内容所承载的应然的培养目标;所谓有效,主要是指以尽可能少的投入获得较大的效果。

2. 影响因素

张伟平等通过调查研究发现,影响信息化教学有效性的因素主要包括信息技术的应用、教学设计和教学方法、学生的学习兴趣三个方面。信息技术的应用与否、应用恰当与否、学生信息技术能力的高低对教学效果具有相当程度的影响。教师使用的课件的实用性、是否美观,教师的授课技巧、采

---

① 刘美凤.信息技术在中小学教育中应用的有效性研究[M].北京:教育科学出版社,2010.

② 王贤文.高校教师信息化课堂教学有效性研究[D].湘潭:湖南科技大学,2007.

用的方法等也在很大程度上影响信息化教学的有效性。学生对课程的兴趣、学习基础等也影响着信息化教学的有效性。[1]

孟琦指出,就课堂教学而言,与信息技术教学效果有关的环境包括技术环境、课堂环境、学校环境和社会环境。其中技术环境指信息技术自身所营造的虚拟环境,是内环境,由技术自身的技术特征所决定;其他三类环境是真实的物理和人文环境,是外环境,即技术以外的所有与之相关的事物。影响信息技术教学效果的环境是虚拟与真实、课内与课外共同构成的生态圈。[2]

王贤文采用海德的归因理论分析了影响教师信息化课堂教学效果的因素。海德认为"一个人进行这样那样的活动,产生这样那样的行为必有其原因,要么是决定于外界环境,要么是决定于主观条件"。他把行为原因分为两大类——外部原因和内部原因,并用公式表达:O＝f(能力×努力×有效环境),O代表结果。他强调是否"能够"达到一定的目标,取决于努力、能力、有效环境三方面结合而成的整体,即活动结果的归因包括内部和外部的归因:内部原因表现为个人的能力与努力,外部原因表现为是否具有有效环境。因此教师信息化课堂教学的效果也可以从内部和外部原因进行分析。强调的是归因,即不只是推论其原因,目的在于解决存在的问题,为教师创设良好的内部和外部环境,促使有效的信息化教学的实现。王贤文将影响因素分为两个维度、七个项目(见表2-1)。[3]

表2-1 影响高校教师信息化课堂教学有效性的因素

内部因素	观念性因素	教学观、信息技术观、学习观、学生观和知识观等
	能力性因素	课堂教学基本技能,教师信息技术知识与技能,信息化教学管理能力,信息技术课堂教学设计能力等
	心理性因素	信息技术的态度积极的还是支持的,信息技术的自我交通感,信息技术利用的动机等
外部因素	信息化环境	硬件、软件、教学资源、支持与服务
	氛围因素	文化氛围、政策氛围、体制氛围
	学科课程	课程内容、课程目标等
	其他人员	学习者、领导决策者、学术引导者

---

[1] 张伟平,杨世伟.高校信息化教学的有效性研究——基于设计的研究[J].电化教育研究,2010(01):103-106.
[2] 孟琦.课堂信息化教学有效性研究[D].上海:华东师范大学,2006.
[3] 王贤文.高校教师信息化课堂教学有效性研究[D].湘潭:湖南科技大学,2007.

综上所述,影响信息化教学有效性的因素极为多样而复杂,包括整个教学系统内外的诸多要素,如理念、资源、软硬条件、学校制度机制、师生信息素养、教学设计、教学实施、教学模式、教学方法形式、学习动机与兴趣、教学内容等。

3. 策略路径

闫彬等根据教学实践提出提高信息化教学有效性的五方面策略。一是强化"问题"意识,推进教学内容创新,以问题为中心和主线来组织教学。二是强化"平台"意识,深化教学方法改革:在教学方法的功能上,由教给知识到教会学习;在教学方法的结构上,由讲解到讨论、研究;在教学方法的手段上,由传统方式向现代教育技术转变。三是强化"服务"意识,要充分尊重学生的主体地位,提倡课堂民主,让学生自主实践、自我发展,提出问题,在教员的指导下解决问题,建立平等和谐的新型师生关系。四是强化"能力"意识,加强教师队伍建设,对教师开展现代教育教学理论、观念、教学方法、信息技术、课程整合等培训,全面提高教师的信息技术应用水平。五是强化"实效"意识,加强信息化资源建设,应该尽可能积累真正体现信息技术与课程教学目标有机整合的资源,使计算机多媒体技术在教学应用中达到最恰当和最优化。[①]

针对信息化教学存在的问题,李文剑提出提高信息化教学有效性应从以下方面着手:一是提高认识,转变观念,在丰富教学方式、促进学生学习的同时,要认识到信息技术是为教学服务的;二是加强教学交流,共建教学资源;三是改变师生关系,改进教学设计,以学生为中心,教师只是引导者、辅助者、监管者,教师要精心为学生筛选和组织学习资源,使其适合学生的个性化学习和各种能力的培养;四是注重信息化课堂教学的效果,着重培养学生的信息素养,加强学生能力培养;五是对课堂教学进行全方位评价,应该将定量评价与定性评价、过程评价与结果评价、课前评价(诊断性评价)、课中评价(形成性评价)与课后评价(总结性评价)、自评与他评结合起来。[②]

郭俊杰等从教学环节切入,提出了提高信息化教学有效性的策略。一是注重技术整合的教学设计。要对教学目标、学习者、教师自身情况及课程内容等进行准确分析,要充分准备教学资源,合理设计教学策略,教师要充

---

① 闫彬,黄荣贵,赵炳强.信息化教学的有效性策略研究[J].高等教育研究学报,2009(02):72-74.

② 李文剑.提高信息化课堂教学有效性之反思[J].中国教育信息化,2009(6):28-30.

分了解信息技术所能发挥的作用,要将技术的优势和学科特色充分结合起来,促进学生实现有意义学习,运用技术创设情境将教学内容与学生生活实际、已有知识联系起来,要考虑到技术的最佳作用点和最佳作用时机。二是灵活驾驭信息化教学过程。根据具体教学情境灵活运用和调整信息化教学模式和教学方法,能够解决信息技术的具体应用问题,包括掌握各种媒体的操作技能,要将各种教学要素进行优化选择和组合,以达到最佳的教学目的和学习效果,还应探索信息技术在学科教学中的可持续性应用。三是建立最佳的反馈渠道,全方位评价和反思信息化教学过程。通过反馈了解学生对课程内容的掌握情况,并调整内容、方法和节奏,从而有的放矢地改进教学工作,使教学内容、方法或采用的手段更符合学生实际,有利于学生理解和掌握教学内容。①

上述研究者从不同角度探讨了如何提升信息化教学有效性。综而言之,提升信息化教学有效性应以建设师生主导——主体关系为核心,以树立适应信息化教学要求的系列观念为前提,以师生信息技术能力与素养的建设与提升为关键,以深入分析、准确把握教学各要素并做好教学准备、创新教学模式与方法为重点,以改革完善信息化教学背景下的师生评价体系为保障,全方位、全过程精心设计各类教学活动。唯有如此,才能确保信息化教学的有效性。

(四)信息化教学有效性评价理论研究

1.评价原则

闫彬等认为,考评信息化教学的有效性必须把握以下几点:一是以课堂环境为基点,课堂是信息技术充分展现其教学价值之地;二是以有效教学为根本,应关注信息技术的应用是否有效;三是以实用视角为指导;四是以学习策略为指标,因为学习策略是决定学习效果的重要因素。学习策略是学生为有效地学习和发展而采取的各种行动和步骤,也是学生学习能力的体现。②

舒智辉在论述信息化环境下教师教学评价时提出应坚持以下原则:一

---

① 郭俊杰,王佳莹.信息化教学过程的有效性策略研究[J].中国远程教育,2010(10):63-65,69,80.

② 闫彬,黄荣贵,赵炳强.信息化教学的有效性策略研究[J].高等教育研究学报,2009(02):72-74.

是方向性原则,要有效保证教师沿着正确方向前进和发展,促进教师朝着信息化教学的要求迈进;二是全面与重点相结合原则,评价体系既要反映教师教学的全过程,也要突出重点,即着力抓住"信息化"环境下的特殊要求进行评价;三是科学性原则,评价体系要符合教育科学、教育技术、教育规律和学习理论的要求;四是定性与定量相结合原则,信息化教学评价应尽量采用量化指标,以求准确,不便于量化的指标可采用一些定性评价;五是结构合理原则,评价体系的结构要符合教学的特点和要求,能全面而完备地反映网络环境下教学的情况。①

刘斌从"人的发展"这一视角检视信息化教学的有效性:不仅要看学生掌握了多少内容,积累了多少知识,更要看信息化教学是否对学生以后的学习和发展产生影响,特别是学生高级思维能力的发展。信息化教学环境为学习者的知识建构和高阶思维培养提供了良好的环境,其目标和价值追求就不能仅仅局限于学生知识的积累,更重要的是在信息化教学中追求人的高阶思维发展,注重学生适应信息化社会生存的全面能力的培养。同时,他还指出,信息化教学有效性评价应实施动态开放的发展性评价原则,信息化教学是一个动态的、不断变化的活动过程,它较传统教学而言有更多的不确定性和生成性,我们在评价中要坚持动态开放的评价原则。动态性要求我们不再过分注重结果的评价,而是注重教学过程的评价,注重过程中教师与学生双方的满足感以及发展性。②

综合上述观点,开展信息化教学有效性评价首先应关注学生发展,特别是学生高阶思维与创新思维能力的发展,学生切实获得成长与发展,这是评价应遵循的重大原则;其次要坚持多元化评价原则,应适应信息化教学环境的需要,要有利于信息化教学目标的实现,多元评价包括评价方式方法多元、评价内容多元、评价对象与主体多元;三是以课堂为主、兼顾课外,全面系统考量,同时突出重点;四是合乎信息化背景下教育教学规律,更新观念,在动态中把握信息化教学的有效性;五是坚持定量与定性评价相结合原则,提高评价信度与效度,尽可能准确评估教学有效性。

2.评价内容

潘琰等在论及信息技术给大学教学带来变革时指出,应构建以教师、学

---

① 舒智辉.信息化环境下教师教学评价探讨[J].科技信息,2007(02):176-177.
② 刘斌.信息化教学有效性的理论思考——对信息化教学本质的再认识[J].现代教育技术,2013(03):26-30.

生、教学过程、教学资源这四个教学要素的多维度评价指标体系,具体内容见表2-2。①

表2-2 四要素评价体系

评价维度	评价内容
教师评价	教师的现代教育观,教师的教学设计能力,教师的信息技术掌握和运用能力,教师的课堂组织能力,教师指导学生自主学习的能力,教师的教学研究能力,教师的教学反思能力等。
学生评价	学生上课的状态与行为,主要指学生能够从情感上、行为上、思维上积极参与课堂学习;学生学习能力、学习方法、信息素养的提高以及学生的创新、合作、交流能力的提高。学生的学习能力主要指学生的记忆能力、理解能力、思维能力、分析能力、计算能力等。学生的学习方法主要有目标学习法、归纳学习法、问题学习法、联系学习法、反思学习法等。学生的信息素养主要指学生获取信息、处理信息、分析信息、应用信息的能力。
教学过程评价	教学设计、课堂教学过程和课堂教学效果、教学反思;教学信息的传授情况、教学信息的运用能力、教学进程的把握能力、信息技术与学科知识的整合能力、调动学生主体性发挥的能力、学生学习的参与程度、课堂师生互动交流情况等。
教学环境评价	教学资源——课件、教材、案例、媒体等的使用情况,课堂氛围是否活跃,师生关系是否融洽等,特别是师生的互动交流情况。

王贤文将"有效"视为一个动态、系统的过程,即从教学过程进行考察:教学准备,包括教师围绕教学任务所开展的相关准备活动,如教学媒体选择、学习资源获取及处理与运用、课件开发等;教学实施,指教师在课堂中开展与教学相关的活动,如创建信息化的课堂教学环境、展示教学内容、讲解教学内容、开展教学交互活动、操作硬件媒体和播放课件、课堂管理行为、学生开展学习等;课堂教学评价,教师利用信息技术对学习者的评价,教师对信息技术应用行为的自我反思等。②

综合上述观点,开展信息化教学有效性评价,在内容上多关注以下方面:首先是学生的学习效果,包括课堂表现、能力提升、信息素养等;二是教学目标,包括目标设定、与信息技术的整合、目标的达成等;三是信息技术的应用、使用的适切性与效果、在创新方法与模式中的作用等;四是教学资源的应用、选取与应用是否合理,是否取得效果等;五是学生评价,在督促与激励上的作

---

① 潘琰,等.教学的嬗变:信息技术与大学教学的深度融合[J].教育与职业,2015(27):33-37.
② 王贤文.高校教师信息化课堂教学有效性研究[D].湘潭:湖南科技大学,2007.

用是否合理科学;六是教学反思,能否对教学作出合理的自我评判,对理念与方法的贯彻等有无清晰的认识,对其中存在的不足有无改进预想等。

3.评价体系

陈黎敏通过对高校教学信息化系统结构的分析,结合已有的社会信息化、企业信息化和教育信息化研究成果,构建了面向学校和面向课程教学两个方面的测评指标,分别宏观考察学校整体和微观考察课程信息化教学过程,详见表 2-3、2-4。[①]

表 2-3 教学信息化评价体系(面向学校)

一级指标	二级指标
课程目标设置	确立课程整体目标与能力目标一致; 能促进学生知识和技能、过程和方法、情感态度和价值观等方面的不断发展; 关注不同类型课程的联系和整合。
课程环境构建	信息基础设施满足教学需求; 多样化、共享化的数字资源建设; 满足研究性学习、协作性学习等网上教学活动的软件平台。
课程资源建设	合理利用校内课程资源(教室、实训室、图书馆等) 课程资源载体多样,能满足多种教学实践活动; 课程资源的持续开发。
课程组织和实施	建立分级课程管理信息系统; 课程信息和网络管理水平; 数字化、过程化和资源化的课程构成; 师生的信息技术能力满足各种课程形式; 网络及信息安全控制措施。
课程评价	建立实时反馈评价系统; 评价主体多元化、评价方式多样化、评价内容综合化; 注重评价过程化,量化和质性评价相结合; 师生、家长及社会沟通和交流的平台。

---

① 陈黎敏.基于雷达图法的教学信息化评价[J].山东电力高等专科学校学报,2012(08):62-64.

表 2-4 教学信息化评价体系（面向课程教学）

一级指标	二级指标
课程目标	体现整体课程目标要求和学科分科要求； 注重学生协作精神和综合能力的培养。
教学设计	选择应用信息技术，选择恰当的课堂教学结构； 单元计划符合教学目标； 根据学生特点制定指导性和自主性的活动策略； 评分和考试； 课程的特殊安排，如小组教学、野外考察、技术应用。
教学过程	师生共同营造信息化教学环境，加强学生对教学内容的理解； 课程授课思路清晰、内容充实、重点突出； 教学内容理论联系实际，反映应用前沿； 注重基本技能训练，引导学生阅读与应用课外资源； 采用启发式教学，具有较好的互动性，鼓励学生思考与创新。
教学评价	能使用量规、档案袋、概念地图等评价工具收集学生能力发展的数据； 尊重学生及其意见，科学分析评价数据，积极改进教学方法； 向学生家长和社会公布教学过程和教学效果。
教学效果 （或学生收获）	自主学习能力、实践能力得到提升； 学习兴趣与学习热情得到激发； 对课程授课的综合满意度。

王翔基于模糊理论构建了一套信息化教学综合评价体系，详见表 2-5。[①]

表 2-5 信息化教学综合评价体系

一级	二级
信息化战略	信息化制度
	校长的信息化领导力
	信息化建设经费
信息化环境建设	基础设施
	网络设施
	信息化资源库
	校园信息化氛围

---

① 王翔.基于模糊综合评价的中职信息化教学体系研究[D].广州:广东技术师范学院,2013.

续　表

一级	二级
管理与服务	信息化管理制度
	信息服务
	互动平台
信息化应用	信息工具的使用
	信息资源库的利用率
信息化人才与技术	专业人员
	信息技能普及率
	信息化教学模式应用
教学效果	学生信息知识
	学生专业能力
	学生信息能力

马鹤从效率、效果和效益三个维度切入，构建了旨在评价信息化教学绩效的评价指标体系，总体上包括"教师备课阶段绩效评价量规"和"信息化课堂教学绩效评价量规"两部分。该体系每一项二级指标包括四个层次水平的定性描述，即等级一、等级二、等级三、等级四，以下仅列出等级一的标准，详见表2-6、2-7。①

表2-6　教师备课阶段绩效评价量规

一级指标	二级指标	等级一
教学效果	教学设计	针对学生兴趣特征、心理状态设计教学；对本课与信息技术整合的充分准备；依据课程标准和教材的要求，有严密的计划性和组织性的教学设计。
教学效益	资源准备	上课所用硬件的熟练使用；资源选择与教学目的和教学内容充分相适应，与学生的年龄特征相适应；如果独立制作，要有评价和反思资源的利用是否符合本次信息化课堂教学的能力。
教学效率	时间分配计划	对上课各环节时间分配有完整、详细计划，并能预留一些时间以便课堂上有生成问题出现。注重给学生预留思考和讨论时间。

---

① 马鹤.信息化课堂教学绩效评价体系研究[D].长春：东北师范大学，2009.

表 2-7　信息化课堂教学绩效评价量规

一级指标	二级指标	等级一
教学效果	情景创设	把握学生的最近发展区创建挑战性的学习情境提供富有情趣的素材和活动,激起学生的兴趣,调动学生的积极性,将学生自然引入信息化教学情境;提供学生熟悉的问题情景或认知矛盾探究热情。
教学效果	教学目标定位	准确把握教学目标的定位;知识、能力价值观目标明确,教学目的符合《新课程标准》的要求和学生实际,符合信息化教学的需要;设计具体明确的课时目标,并以可观察、可测量的方式加以陈述,把目标告知学生。
教学效果	教学信息传递	准确利用信息化工具传递教学信息;信息技术与课程整合自然、融洽、不生硬;体现教学目标,知识讲解具有科学性、系统性,做到理论联系实际,教学信息体现教师对教材理解的科学性。
教学效率	教学程序时间分配	教学各环节时间分配按计划合理实施,如课堂教师的讲解、演示和课堂练习时间,师生间答占课时间,学生探究时间的比例,但是并不是有一个固定比例约束;有处理生成性问题的时间且不影响正常教学进度;能给学生充分的反思和互动时间,不少于 3 分钟。
教学效率	教学环节安排	教学安排循序渐进、层次分明、系统完整;教师结合信息化资源在课上各环节讲、练、演示、讨论、板书及主次内容的程序分配合理,做到精讲多练,加强能力培养;充分体现"以学为中心"的理念,教学程序严谨、顺畅。
教学效率	学生智力资源分配	课堂中老师能照顾到每一个同学的学习和反映,根据学生的课堂反馈,及时进行能力培养训练;能给学生充分的反思空间,学生主动参与的时间长(>70%),主动投身在自主探究、动手操作、合作学习之中。
教学效率	反馈	反馈方式是具体的,能准确针对学生个人问题反馈信息,反馈反应时间在一分钟以内;对表情变化的反馈及时,如学生的眼神变化,当学生全神贯注地听课时,他们的眼光往往与任课教师的眼光呈交换凝视状态,左顾右盼,坐立不安,或者是眼光暗淡无神,则可能是失去了听课的兴趣,教师应及时作出响应;对学生声响的反馈,例如,当讲解内容具有吸引力引起学生兴趣,是一片轻松的笑声,当有些问题学生没有听懂或者是引起疑问的时候,课堂中就会出现议论或耳语,教师应及时作出响应;对留言板上,同学发帖回帖的反馈,注意每个学生动态提问,检查学生对问题的接收情况,90%以上学生响应了老师的问题。

续　表

一级指标	二级指标	等级一
教学效益（经济效益）	教学软件利用	根据课程适时应用,如:何时呈示、教师由教学内容、学生实际、教学流程准确定位适时应用信息化教学软件资源,一节课被评为适时应用的次数在5次以上;以何种方式呈现,是教师演示或学生自主操作,一节课中软件资源的利用和理性分配为5次以上;课件不是为了演示而演示,充分与教学内容结合,自然呈现。
教学效益（经济效益）	教学硬件利用	根据课程适时应用,如:何时呈示(媒体)、何时演播、教师由教学内容、学生实际,教学流程准确定位适时应用信息化教学硬件设施,一节课被评为适时应用的次数在5次以上;各种教学硬件所表现出来的功能特性相互补充,不浪费硬件资源;电教媒体不是为了演示而演示,充分与教学内容结合,看不出电教媒体演示的功能。
教学效益（社会效益）	情感态度价值观培养	教师有意识、自觉地在课上渗透课堂目标中的情感态度价值观,并且学生在教师营造的氛围中真正体验到学科的价值,在课上至少引导学生5次,有学生互动;文科类课程培养学生的文化价值观,丰富学生的文学鉴赏力。如语文课堂上教师引导学生"有情感地朗读课文"、"关心作品中人物的命运和喜怒哀乐"、"注意在通读过程中体验情感";理科类课程培养学生锲而不舍的钻研精神和科学态度,如在数学课堂中,在学生遇到问题或困难时,教师鼓励学生,帮助他们树立战胜困难的决心,使他们不轻易放弃对问题的解决,鼓励他们坚持下去。
教学效益（社会效益）	高思维培养	建立启发思考的教学环境,在施教之前,能给学生提供更多与日常生活类似的学习经历,教师能准确根据课题的内容,决定采取何种信息化教学模式,要教授何种思考技能,如历史科的批判性思考,对历史人物的评析,地理科的解难能力等;然后,教师根据学习内容作适当的提问,引导学生作出假设、争议、辨析、验证等。在学生作出反应时给予适当的回馈。如教师注意学生的响应有无缺失及其思考方式是否正确;明确训练思维的目标不仅是在这一课里掌握了什么思维,重要的是学生掌握了某种思维,便可以转移到其他的学习上。
关系绩效	教学态度	教师的教学观念和方法充分考虑了学生的需要;充分认识到并愿意实现新课程要求的教师角色的转变。
关系绩效	指导、帮促行为	重视学生能力与需要,为学生的讨论提供指导和激励;在顾及教学目标达成的同时协助学生解决困难,为学生提供思维模式的范式,并在需要时给予暗示、提供线索和其他反馈。

续 表

一级指标	二级指标	等级一
关系绩效	课堂氛围营造	平等:尊重学生的个性、相信学生、平等地进行教与学的活动;鼓励学生在接受教育时发表自己的独立见解,并认真分析其见解;信任学生,相信学生有自我探究、自我实现的愿望与能力;对话:进行双向的、交互作用的对话。
	组织学习共同体	学生对教师信任、尊重教师,愿意遵从教师的安排,积极完成教师布置的任务;教师对每个学生的个性、特点和学习情况非常了解,尤其对学困生学习情况掌握准确,并能以此为依据按专题的类型组织学生分组;愿意为共同的目标努力,形成互帮互助、争为小组作贡献、以小组荣誉为荣等良好的共同体气氛。

上述评价体系或以学校为评价对象,或以课堂教学为评价对象。前者重在对学校信息化整体情况或教学环境等予以考察,重要的评价指标有课程环境、课程资源、课程评价、信息化战略、管理与服务、信息化人才与技术等,这些领域的信息化及其水平为课堂教学奠定重要基础,是影响教学信息化有效性的重要条件;后者重在关注课堂教学,从微观层面把握教学信息化的有效性,关注焦点包括课程目标、教学设计、教学过程、教学评价、教学效果、资源准备、教学环节安排、教学软硬件利用、高思维培养、情感态度价值观培养、课堂氛围营造等。这些指标按照课前、课中顺序把握整个教学过程,目标定位、学生学习过程及其结果——特别是学生创新与思维能力培养、信息技术手段应用及其成效——成为重中之重。

(五)信息化教学有效性评价实践应用

虽然影响信息化教学有效性的因素很多,评价的对象、内容也较复杂,但信息技术与教育教学深度融合的关键却在于一线教师将信息技术有效融入课程(课堂)教学。因此,可以说,开展信息化教学有效性评价即对教师将信息技术有效应用于教育教学的能力与效果的评价,这是现实迫切需要的,也是本书的着力点。

随着信息技术广泛应用于教育教学,为了促进信息技术与教育教学深度融合,教育部及相关教育行政部门出台了相关引导与规范性文件,以下就其中两个评价标准体系作些分析。

1.中小学教师信息技术应用能力标准

2014年,教育部办公厅印发了《中小学教师信息技术应用能力标准(试行)》的通知,以下(表 2-8)为该标准基本内容。

表 2-8 中小学教师信息技术应用能力标准(试行)[①]

维度	Ⅰ.应用信息技术优化课堂教学	Ⅱ.应用信息技术转变学习方式
技术素养	1.理解信息技术对改进课堂教学的作用,具有主动运用信息技术优化课堂教学的意识。	1.了解信息时代对人才培养的新要求,具有主动探索和运用信息技术变革学生学习方式的意识。
	2.了解多媒体教学环境的类型与功能,熟练操作常用设备。	2.掌握互联网、移动设备及其他新技术的常用操作,了解其对教育教学的支持作用。
	3.了解与教学相关的通用软件及学科软件的功能及特点,并能熟练应用。	3.探索使用支持学生自主、合作、探究学习的网络教学平台等技术资源。
	4.通过多种途径获取数字教育资源,掌握加工、制作和管理数字教育资源的工具与方法。	4.利用技术手段整合多方资源,实现学校、家庭、社会相连接,拓展学生的学习空间。
	5.具备信息道德与信息安全意识,能够以身示范。	5.帮助学生树立信息道德与信息安全意识,培养学生良好行为习惯。
计划与准备	6.依据课程标准、学习目标、学生特征和技术条件,选择适当的教学方法,找准运用信息技术解决教学问题的契合点。	6.依据课程标准、学习目标、学生特征和技术条件,选择适当的教学方法,确定运用信息技术培养学生综合能力的契合点。
	7.设计有效实现学习目标的信息化教学过程。	7.设计有助于学生进行自主、合作、探究学习的信息化教学过程与学习活动。
	8.根据教学需要,合理选择与使用技术资源。	8.合理选择与使用技术资源,为学生提供丰富的学习机会和个性化的学习体验。
	9.加工制作有效支持课堂教学的数字教育资源。	9.设计学习指导策略与方法,促进学生的合作、交流、探索、反思与创造。
	10.确保相关设备与技术资源在课堂教学环境中正常使用。	10.确保学生便捷、安全地访问网络和利用资源。
	11.预见信息技术应用过程中可能出现的问题,制订应对方案。	11.预见学生在信息化环境中进行自主、合作、探究学习可能遇到的问题,制订应对方案。

---

① 教育部.教育部办公厅关于印发《中小学教师信息技术应用能力标准(试行)》的通知[EB/OL].(2014-05-28)[2022-04-05]. http://www.moe.gov.cn/srcsite/A10/s6991/201405/t20140528_170123.html.

续 表

维度	Ⅰ.应用信息技术优化课堂教学	Ⅱ.应用信息技术转变学习方式
组织与管理	12.利用技术支持,改进教学方式,有效实施课堂教学。	12.利用技术支持,转变学习方式,有效开展学生自主、合作、探究学习。
	13.让每个学生平等地接触技术资源,激发学生学习兴趣,保持学生学习注意力。	13.让学生在集体、小组和个别学习中平等获得技术资源和参与学习活动的机会。
	14.在信息化教学过程中,观察和收集学生的课堂反馈,对教学行为进行有效调整。	14.有效使用技术工具收集学生学习反馈,对学习活动进行及时指导和适当干预。
	15.灵活处置课堂教学中因技术故障引发的意外状况。	15.灵活处置学生在信息化环境中开展学习活动发生的意外状况。
	16.鼓励学生参与教学过程,引导学生提升技术素养并发挥其技术优势。	16.支持学生积极探索使用新的技术资源,创造性地开展学习活动。
评估与诊断	17.根据学习目标科学设计并实施信息化教学评价方案。	17.根据学习目标科学设计并实施信息化教学评价方案,并合理选取或加工利用评价工具。
	18.尝试利用技术工具收集学生学习过程信息,并能整理与分析,发现教学问题,提出针对性的改进措施。	18.综合利用技术手段进行学情分析,为促进学生的个性化学习提供依据。
	19.尝试利用技术工具开展测验、练习等工作,提高评价工作效率。	19.引导学生利用评价工具开展自评与互评,做好过程性和终结性评价。
	20.尝试建立学生学习电子档案,为学生综合素质评价提供支持。	20.利用技术手段持续收集学生学习过程及结果的关键信息,建立学生学习电子档案,为学生综合素质评价提供支持。
学习与发展	21.理解信息技术对教师专业发展的作用,具备主动运用信息技术促进自我反思与发展的意识。	
	22.利用教师网络研修社区,积极参与技术支持的专业发展活动,养成网络学习的习惯,不断提升教育教学能力。	
	23.利用信息技术与专家和同行建立并保持业务联系,依托学习共同体,促进自身专业成长。	
	24.掌握专业发展所需的技术手段和方法,提升信息技术环境下的自主学习能力。	
	25.有效参与信息技术支持下的校本研修,实现学用结合。	

上述评价体系重在考察中小学教师应用信息技术的能力,重点关注信

息技术优化课堂教学和转变学习方式两方面在以下维度的情况,包括技术素养、计划与准备、组织与管理、评估与诊断、学习与发展等。该体系立足传统课堂教学中存在的弊端,以引领信息技术介入下的教学过程创新与变革,包括师生关系、学习方式、教学模式、课程资源、学生组织与管理、教学考核等方面,以营造全新的教学环境与氛围,提升课堂教学效果与人才培养质量。

2.全国职业院校教学能力大赛评分标准

为了提高职业教育教学质量,促进信息技术与课程教学深度融合,提高教师信息技术应用能力和水平,2012年全国职业院校信息化教学大赛就已举办。随着赛事的推进及人们对比赛认识的深入,该赛项自2018年起更名为"全国职业院校技能大赛教学能力比赛",以规避片面强调信息技术的倾向,而从更高层面整体考察教学能力,其中信息技术相关要求仍占有相当评分比重。以下(表2-9)为最新版评分标准,针对不同类课程,分为"公共基础课评分标准"和"专业课评分标准"。

表2-9 2022年全国职业院校技能大赛教学能力比赛评分标准

(一)公共基础课程

评价指标	分值	评价要素
目标与学情	20	1.符合新时代对技术技能人才培养新要求,落实教育部颁布的公共基础课程教学标准有关要求,紧扣学校专业人才培养方案和课程教学安排,夯实学生科学文化基础,着力培养学生人文素养、职业素养、信息素养,培养学生工匠精神、科学精神、创新精神和终身学习能力。 2.教学目标表述明确、相互关联、重点突出、可评可测。 3.客观分析学生知识基础、认知能力、学习特点、专业特性等,详实反映学生整体情况与个体差异,准确预判教学难点。
内容与策略	20	1.思政课程按照"八个相统一"要求扎实推进创优建设;其他课程注重落实课程思政要求,结合课程特点挖掘思政元素,有机融入课程教学,达到润物无声的育人效果。 2.教学内容落实公共基础课程课标,突出思想性、科学性、基础性、职业性和时代性,有效支撑教学目标的实现,内容选择科学严谨、容量适度,安排合理、衔接有序,结构清晰,符合层次定位。 3.教材选用、使用符合《职业院校教材管理办法》等文件规定和要求,配套提供丰富、优质学习资源;教案完整、规范、简明、真实。 4.教学设计科学合理,教学过程系统优化,流程环节构思得当,技术应用预想合理,方法手段设计恰当,评价考核科学有效。

续 表

评价指标	分值	评价要素
实施与成效	30	1. 教育思想和教学理念先进,遵循学生认知规律,反映日常教学实际。 2. 按照教学设计实施教学,关注重点、难点的解决,能够针对学习反馈及时调整教学,突出学生中心,实行因材施教。 3. 教学环境真实,满足教学需要,教学活动开展有序,教学互动深入有效,教学气氛生动活泼,学生学有所得。 4. 关注教与学行为数据采集,针对目标要求开展考核与评价。 5. 创新教学方式方法,合理运用前沿信息技术、数字化教学资源、设施设备改造传统教学,提升学习效果、提高教学与管理成效。
教学素养	15	1. 展现新时代职业院校教师良好的师德师风、教学能力和信息素养,发挥教学团队协作优势;老中青传帮带效果显著。 2. 教师课堂教学态度认真、严谨规范、表述清晰、亲和力强、仪态自然。 3. 教学研究深入,学术功底扎实,参赛资料客观记载、真实反映、反思深刻;决赛现场展示聚焦主题、观点正确、思路清晰、逻辑严谨、表达流畅。
特色与创新	15	1. 在落实立德树人、文化素养提升、课程思政建设等方面有行之有效的做法,能够调动学生全面深度参与,给学生深刻的学习体验。 2. 在落实国家教学标准、推进"三教"改革、运用信息技术等方面有特色、有创新。 3. 具有较大借鉴和推广价值。

(二)专业(技能)课程

评价指标	分值	评价要素
目标与学情	20	1. 适应新时代对高素质技术技能人才培养的新要求,符合教育部发布的专业教学标准、实训教学条件建设标准、岗位实习标准等有关要求,涉及职业技能等级证书的课程教学内容,还应对接有关职业技能等级标准。紧扣学校专业人才培养方案和课程标准,夯实学生专业基础和专业能力,培育学生职业道德、职业能力、信息素养、创新能力、工程思维,培养学生科学精神、工匠精神和终身学习能力。 2. 教学目标表述明确、相互关联、重点突出、可评可测。 3. 客观分析学生的知识和技能基础、认知和实践能力、学习特点等,详实反映学生整体情况与个体差异,准确预判教学难点。

续　表

评价指标	分值	评价要素
内容与策略	20	1. 结合课程特点、思维方法和价值理念，挖掘提炼专业知识体系中所蕴含的思想价值和精神内涵，有机融入课程教学，达到润物无声的育人效果。 2. 教学内容落实课程标准，对接新产业、新业态、新模式、新职业，促进书证融通，有效支撑教学目标的实现，内容选择科学严谨，容量适度，安排合理、衔接有序、结构清晰，符合层次定位；实习实训内容与专业课程教学内容匹配，强化核心技术技能训练。 3. 教材选用符合《职业院校教材管理办法》等文件规定和要求，配套提供丰富、优质学习资源，鼓励使用新型活页式、工作手册式教材；教案完整、规范、简明、真实。 4. 教学设计合理，教学过程系统优化，流程环节构思得当，技术应用预想合理，方法手段设计恰当，评价考核科学有效，突出项目式、任务式、案例式、情境式等教学方式。
实施与成效	30	1. 教育思想和教学理念先进，落实德技并修、工学结合，遵循职业教育规律、学生认知规律和技术技能人才成长规律，反映日常教学实际。 2. 按照教学设计实施教学，关注技术技能教学重点、难点的解决，能够针对学习和实践反馈及时调整教学，突出学生中心，落实理实一体化，强调知行合一，实行因材施教；针对不同生源特点，体现灵活的教学组织形式。 3. 教学环境真实，能够满足教学需要，教学活动安全有序，教学互动深入有效，教学气氛生动活泼，学生乐学、学会。 4. 关注教与学行为数据采集，针对目标要求开展教学与实践的考核与评价。 5. 创新教学方式方法，合理运用前沿信息技术、数字化资源、设施设备改造传统教学与实习实训，提升学习效果，提高教学与管理效能。
教学素养	15	1. 展现新时代职业院校教师良好的师德师风、教学能力、实践能力和信息素养，发挥教学团队协作优势，老中青传帮带效果显著。 2. 课堂教学态度认真、严谨规范、表述清晰、亲和力强、仪态自然。 3. 实训教学讲解和操作配合恰当，规范娴熟，示范有效，符合职业岗位要求，展现良好"双师"素养。 4. 教学研究深入，学术功底扎实，参赛资料客观记载，真实反映，反思深刻；决赛现场展示聚焦主题，观点正确，思路清晰，逻辑严谨，表达流畅。
特色与创新	15	1. 在落实立德树人、德技并修、课程思政、工学结合、知行合一等方面有行之有效的做法，能够调动学生全面深度参与，给学生深刻的学习体验，促进学生职业综合素质和行动能力的明显提升。 2. 在落实国家教学标准、推进"三教"改革、运用信息技术等方面有特色、有创新。 3. 具有较大借鉴和推广价值。

资料来源：全国职业院校技能大赛执行委员会. 关于举办 2022 年全国职业院校技能大赛教学能力比赛的通知[EB/OL].（2022-09-03）[2023-04-05]. http://www.nvic.edu.cn/News/Detail? id=f15068c8-5e5c-4ded-9d92-2b77fdcd19d3.

上述赛事评分体系着重考察教师的综合教学能力，其中信息技术的应用是重点。不难看出，在具体评分项目上，仍然关注课程目标、教学内容、教学模式、方法与策略、教学过程与环节、教学氛围、教学风格、教学效果等。值得一提的是，该标准体系不仅关注某一次课堂教学，更以此为切入点，考察整个课程的组织与实施情况。同样，该体系也是以信息技术引领课堂教学创新与变革，以期提升信息化课堂教学的有效性与人才培养质量。

三、信息化教学模式创新探究[①]

美国科罗拉多州一所中学的教学实践，在现代信息技术的助推下，诞生了一个新的教学模式，即翻转课堂。翻转课堂近年被引进我国并受到了教育各界的广泛关注，这不仅体现在日益增多的学术成果上，更体现于许多大中小学的实践推行上。然而，理论上除了热情倡导与传播，也不乏挑剔与质疑；实践上除了成功的个案，也不乏失败的先例。很显然，作为新生事物，翻转课堂引发的争议状态期待更多理性的思考。

（一）翻转课堂的概念分析

翻转课堂（flipped classroom），也有人称之为颠倒课堂（upside-down class）、混合课堂（hybrid class）等。许多研究者对此作过界定：翻转课堂颠覆了传统课堂范式，知识传递成为课前完成的家庭功课，知识来自指定的阅读和视频的讲授等，学生带着这些知识进入课堂，付诸应用。[②] 翻转课堂即教学内容与材料主要在课外传授，而课堂时间用于问题解决、深入理解、积极参与合作学习。[③] 翻转课堂使学生积极参与学习过程，利用信息技术将讲

[①] 该部分出自宁业勤，楼世洲. 从准确认知到有效应用：美国翻转课堂引进的再思考[J]. 当代教育科学 2016(08)：40-42.

[②] W. B. Jeffries, K. N. Huggett. Flipping the Classroom[C]//*An Introduction to Medical Teaching*. Springer Netherlands，2014：41-55.

[③] Bill Tucker. *The Flipped Classroom* [EB/OL]. (2012-10-01) [2015-09-03]. http://educationnext.org/the-flipped-classroom.

授从课堂中移出并在网上传授,以此腾出课堂时间用于互动与合作。①

上述定义基本指出了翻转课堂教学形式与方法、实施目的与路径等,针对研究者已有论述,在此就其意蕴作进一步厘清与补充。

第一,翻转课堂既教知识也教过程。哈佛大学教授埃里克·马祖尔(Eric Mazur)指出,学习是一个两步过程:首先,你必须接受信息;其次,你必须将信息与你自己的经验相联系并在大脑中组织这些信息。翻转课堂的核心理念在于它允许教师既教(知识)内容也教(知识内化)过程,它创造的课堂体验达成了埃里克所说的两步过程。② 不可否认,传统课堂中有知识讲授也有知识应用等内化过程,但这一过程的深度与广度明显受到课时限制而被弱化。

第二,翻转课堂使理论与实践紧密结合。理论与实践相结合是评价教学效果的重要标尺,而重理论、轻实践一直是传统教学的弊端。翻转课堂的两部分,前有理论讲解,后有充分的实践应用,理论与实践得到了完美结合。基于这一认识,教师先在实体教室讲授,再回到实验室等处进行实践教学,其本质与翻转课堂并无二致。从这点来看,我国早年倡导的半工半读及当前高校开展的工学结合等,与翻转课堂有着异曲同工之妙。不同的是,翻转课堂在微观层面上为人们落实理论、联系实际提供了更为有力的抓手。

第三,翻转课堂提供了一个有效的学习平台。翻转课堂中课堂教学的控制权由教师移交给学生,学生真正成为教学的主体,他们通过合作、互动等方式积极参与解决问题、案例研讨等课堂学习。翻转课堂提供了一个平台,基于此平台,学生的学习不再是以自我为中心而是以群体为中心,而且致力于积极合作和共同学习。③ 可以说,合作、互动与积极学习是翻转课堂的基本特征。传统课堂上,以学生为中心往往是种奢望,虽然也有合作学习,有生生、师生互动,也能让学生积极参与,但这一切受时间等因素制约而具有偶发性。

---

① Dean N. Shimamoto. *Implementing a Flipped Classroom: An Instructional Module*[EB/OL]. (2013-09-17)[2015-09-03]. http://scholarspace.manoa.hawaii.edu/bitstream/handle/10125/22527/ETEC690-FinalPaper.pdf?sequence=1.

② Sandi Findlay-Thompson, Peter Mombourquette. Evaluation of a Flipped Classroom in an Undergraduate Business Course [J]. *Business Education & Accreditation*, 2014(1):63-71.

③ Reecha Bharali. Enhancing Online Learning Activities for Groups in Flipped Classrooms [C].//Panayiotis Zaphiris, Andri Ioannou, *Learning and Collaboration Technologies*. Springer International Publishing, 2014:269-276.

第四,翻转课堂能合理利用教学时间。在有限的时间内提升教学效率与质量,是每位教师都会面临的难题。翻转课堂不只是对传统课堂的重新排序,实际上更是对传统课堂在量上的延伸和质上的提升。① 教师预先录制教学视频或制作教学指导性文字等供学生课外学习,完成知识讲授,以此腾出更多的课堂时间用于知识的内化与应用。正所谓好钢用在刀刃上,时间得到合理利用,教学质量得到提升。

翻转课堂有着诸多优势,同时也有其局限性,如受物质条件、教师精力投入、学生学习的自觉性等限制,但作为新生事物,我们更应关注其创新的一面,深刻把握其实质,创造条件加以合理利用。

（二）翻转课堂的理论基础

翻转课堂不只是时空和教学内容的重新排列组合,从深层次看,它植根于诸多相互联系的学习和教学理论。

著名教育家和心理学家布卢姆(Benjamin S. Bloom)用分类学分析了学生在课堂中发生的各种学习活动。他从认知、情感和动作技能三个领域系统探讨了教育教学目标,其中认知领域按认知水平由低级至高级分为六类,即识记(knowledge)、领会(comprehension)、运用(application)、分析(analysis)、综合(synthesis)和评价(evaluation)等。这六类目标由简单到复杂,前一目标为后一目标的基础。按照布卢姆的教学目标分类,翻转课堂使得高、低水平认知活动的产生成为可能:学生在课外从事低水平的认知活动,如独立获取知识;回到课堂,在学伴和教师的指导下,高水平的认知活动,如知识的应用、分析和综合等得以产生。② 布卢姆的教学目标分类体系是翻转课堂的重要理论基础。

心理学家皮亚杰(Jean Piaget)的建构主义学习理论也是翻转课堂的理论基础。该理论认为,学习是获取知识的过程,但知识不是通过教师传授得到的,而是学习者在一定的情境下,在他人(包括教师和学伴)帮助下,通过

---

① Jacob Lowell Bishop, Matthew A Verleger. *The Flipped Classroom: A Survey of the Research* [EB/OL]. (2013-06-26) [2015-09-03]. https://www.semanticscholar.org/paper/The-Flipped-Classroom%3A-A-Survey-of-the-Research-Bishop-Verleger/9fa438af1616d112a0ba05934d76b3ae61dadf7a.

② Lindsay P. Galway, Kitty K. Corbett, Timothy K. et al. Takaro. *A Novel Integration of Online and Flipped Classroom Instructional Models in Public Health Higher Education* [EB/OL]. (2014-08-29) [2015-09-03]. http://www.biomedcentral.com/1472-6920/14/181.

协作活动而实现的意义建构的过程。① 翻转课堂中互动和合作的学习,即基于皮亚杰的积极学习理论,它强调当我们行动起来并应用新知识和概念时学习发生了。② 建构主义理论集中体现在课堂教学活动上,而课前学习教学视频仍然是基于传统的行为主义理论。就如研究者所说,曾被认为充满矛盾的两个学习理论在翻转课堂中实现了特别的结合,即以积极的、问题解决的学习活动为特征的建构主义思想体系和以教学讲授为特征的行为主义思想体系相结合。③

教育家杜威(John Dewey)强调教学的"儿童中心"、"活动中心"、"经验中心"。他认为个人在社会生活中与他人接触、相互影响、逐步扩大和改进经验,养成道德品质并习得知识技能,这就是教育。④ 杜威的教育思想以及在前述理论基础上衍生的诸多以学生为中心的学习理论,如学伴互助学习、基于问题的学习和积极学习等,也成为翻转课堂的理论基础。学伴互助学习是在地位同等的伙伴的积极帮助下获得知识和技能的学习方法。基于问题的学习是以学生为中心,教师重在促进和引导,问题成为活动中心,从而提升学生解决问题能力的学习方法。积极学习要求学生在问题解决过程中向自己和学伴提出疑问,以此激发学生积极参与学习过程,探究学习、团队互助、基于问题的学习等通常是积极学习的组成部分。这些以学生为中心的学习理论对翻转课堂的重要性总被低估,可以说,没有这些理论,翻转课堂几乎没有存在的价值。⑤

上述理论我们并不陌生,而且许多研究者和实践者一直致力于探寻能充分应用这些理论的教学实践。及至翻转课堂的出现,人们才恍然发现这

---

① 袁振国.当代教育学:2004年修订版[M].北京:教育科学出版社,2004:184.
② Lindsay P. Galway, Kitty K. Corbett, Timothy K. et al. Takaro. *A Novel Integration of Online and Flipped Classroom Instructional Models in Public Health Higher Education* [EB/OL]. (2014-08-29)[2015-09-03]. http://www.biomedcentral.com/1472-6920/14/181.
③ Jacob Lowell Bishop, Matthew A Verleger. *The Flipped Classroom: A Survey of the Research* [EB/OL]. (2013-06-26)[2015-09-03]. https://www.semanticscholar.org/paper/The-Flipped-Classroom%3A-A-Survey-of-the-Research-Bishop-Verleger/9fa438af1616d112a0ba05934d76b3ae61dadf7a.
④ 杜威.我的教育信条[M].彭正梅,译.上海:上海人民出版社,2017.
⑤ Jacob Lowell Bishop, Matthew A Verleger. *The Flipped Classroom: A Survey of the Research* [EB/OL]. (2013-06-26)[2015-09-03]. https://www.semanticscholar.org/paper/The-Flipped-Classroom%3A-A-Survey-of-the-Research-Bishop-Verleger/9fa438af1616d112a0ba05934d76b3ae61dadf7a.

正是能充分诠释上述理论的最佳注脚。正因如此,翻转课堂一经推出便受到广泛关注。

(三)翻转课堂的价值取向

翻转课堂究竟能给我们带来什么,这是我们必须理性考虑的问题。从上述分析,我们不难发现翻转课堂至少应在以下由低到高三个层面上发挥其教学价值。

第一,实用层面上便于师生教与学。教学视频让学生根据自己的需要实现个性化的学习,特别是补课与复习。正如科罗拉多州的两位教师那样,他们录制教学视频的初衷是便于旷课的学生补课,而那些没旷课的学生也借此"补"课——弄懂课堂上不理解之处。补课与复习应是翻转课堂最实用之处,在当前应试教育背景下,它的作用更为明显。现实中,每位教师大多承担多个班级同一门课程的教学任务,在高校尤其如此。这种情况下,将教学内容录制成视频,能让教师从枯燥的重复劳动中解脱出来,去从事更有意义的课堂教学活动,这也是翻转课堂不可忽略的实用价值。当然,这些实用价值是最基本的,我们的期望远不止于此。

第二,知识获取层面上达成高水平的认知目标。按照布卢姆的教学目标分类,传统的课堂教学多处于最低水平的认知层次,即识记、领悟,而高水平的认知如应用、分析等往往通过课外练习达成。实际上,课外练习无法担此重任。正如研究者指出,在传统教学模式下,学生必须独自完成课外练习,这最需要教师的帮助却无法获得;而课堂上教师的可获得性是最大的,但这时学生从事的是最低水平的认知,几乎不需要教师的帮助。[1] 尽管课外练习会得到批改与反馈,但这种反馈是非即时的,而且时间上是有限的,理解上也是浅层次的。翻转课堂恰恰相反,学生带着课外获得的知识来到课堂,集中于知识的应用,教师成为辅助者,引导学生走向高水平的认知活动,如交流技能、批判性思考等。[2] 因此,达成高水平的认知目标应成为实施翻转课堂的重要价值诉求。

第三,人才培养层面上实现个性化与社会化的统一。翻转课堂在使学生个性化上首先体现在学生观看教学视频可以养成个人的学习习惯,掌握看视频记笔记、提问题、参与分享等学习策略。其次,在课堂上,学生不再是

---

[1] Robert Talbert. Inverted Classroom[J]. *Colleagues*,2012,9(1):18-19.
[2] W. B. Jeffries, K. N. Huggett. Flipping the Classroom[C]//*An Introduction to Medical Teaching*. Springer Netherlands,2014:41-55.

被动的听众,而是学习过程的积极参与者,教师作为辅助者,引导学生通过学习过程对教学内容形成他们自己的理解,学生能以一种适合自己的、有意义的方式积极建构知识。最后,课堂上学生不仅有更多机会得到教师个性化的指导,还能通过团队合作或师生互动充分展现个人的思想观点、交往方式、态度品质等,并及时得到纠正或强化。这些教学行为与教学策略在培养学生自主性、独特性和创造性等方面,发挥着重要作用。翻转课堂在促进学生社会化上也发挥着重要作用,团队合作成为重要的组织形式,互动与互助成为常态,日常生活中的交往成为获得知识的重要途径,这样教育就成了自然的过程。① 其间,学生的责任意识、纪律意识以及行为规范等逐渐形成并得到加强。因此,个性化与社会化的有机统一,是翻转课堂最高层次的教学价值所在。

(四)翻转课堂的有效应用

1. 翻转课堂应用策略

翻转课堂有着诸多优势,但还只是潜在的,要发挥出来并实现其内在价值还面临着许多挑战。从实践来看,有效应用翻转课堂须具备必要的物质条件,须用得适当,更重要的是教师角色的成功拓展。关于物质条件,许多研究者都有提及,在此不再赘述。

翻转课堂须用得适当。翻转课堂并不是万能的教学模式,在什么情况下能充分展示其价值,这是有效应用翻转课堂必须考虑的。从学科课程上看,注重培养学生逻辑思维与实践应用能力的理科和工科课程更适于采用翻转课堂,这类课程更易于做到先"学"后"教",并达成高水平的认知目标;从知识类别上看,翻转课堂更适合实践操作性较强的程序性知识和策略性知识,这类知识需经学生广泛应用方能自我建构;从学生智能与素质上看,综合素质高的学生更适合用翻转课堂,他们能自觉、积极参与学习过程;从学校层级上看,中学及高校学生更适合用翻转课堂,他们有一定的自学能力且有受自己支配的课余时间;从班级规模上看,小班化教学更适合用翻转课堂,学生人数少更利于开展各类教学活动。在此要强调的是,上面所说的这些方面只是更适合应用翻转课堂,而它们的对应面,如文科课程、陈述性知

---

① Dean N. Shimamoto. *Implementing a Flipped Classroom: An Instructional Module*[EB/OL].(2013-09-17)[2015-09-03]. http://scholarspace.manoa.hawaii.edu/bitstream/handle/10125/22527/ETEC690-FinalPaper.pdf?sequence=1.

识等，也可以应用，只是不易于充分展现翻转课堂的功效与价值。

教师角色的成功拓展。这里说"拓展"而不是"转换"，是因为实施翻转课堂的教师不仅要承担原有的角色(如知识传授者)，还要扮演其他更为重要的角色(如学习指导者等)。可以说，教师在多大程度上履行了其角色职责，翻转课堂就会在多大程度上获得成功。从翻转课堂实施过程来看，教师首先要制作教学视频，这时教师必须根据教学任务确定教学内容，搜集教学材料，还要学习视频制作技术；教师既是制片人，又是导演、演员；视频既不能偏离教学内容，又要考虑到形象、直观。可以说，这是最耗费教师时间与精力的工作。

设计翻转课堂教学活动是最能考验教师教学智慧的工作，也是有效应用翻转课堂的关键。课外观看教学视频还不足以使该模式获得成功，真正发挥作用的是教师设法将这些教学视频融入这一综合的教学模式之中。① 根据前述分析，达成高水平的认知目标，使学生个性化与社会化有机统一，应成为设计教学活动的出发点和落脚点。积极学习环境的创设是设计教学活动应考虑的重要维度。积极学习环境并不会自动产生，教师必须通过运用适当的动机策略并积极推进社会化互动来开发这样的环境，其中学习团队的确立并开展互助与合作尤为必要。② 不是一刀切而是依据具体教学目标区别对待不同的教学内容、教学对象等是设计教学活动应坚持的重要原则，如对人文社科类课程，应以学生的思想品质、情感态度和价值观的养成为出发点。设计教学活动还应考虑到教学环节的展开，常用的有测试自学效果、提问与释疑、知识应用、探究式学习、体验分享等。此外课堂评价也很重要，美国佛蒙特大学杰弗里斯(Jeffries)等人指出，设计翻转课堂教学环节的一个重要标准即用各种活动提高学生的兴趣并促进学习，其中评价在使学生积极参与并促进高水平认知上发挥重要作用。③ 评价应做到及时、准确，并嵌入整个教学过程中。在环节设计上，由于教学视频有可能未包含全部教学内容，因此，补充讲解有时也是必要的。

指导学生学习是教师应履行的重要职责，也是对教师课堂组织管理能

---

① Bill Tucker. *The Flipped Classroom* [EB/OL]. (2012-10-01) [2015-09-03]. http://educationnext.org/the-flipped-classroom.

② Dean N. Shimamoto. *Implementing a Flipped Classroom: An Instructional Module* [EB/OL]. (2013-09-17) [2015-09-03]. http://scholarspace.manoa.hawaii.edu/bitstream/handle/10125/22527/ETEC690-FinalPaper.pdf?sequence=1.

③ W. B. Jeffries, K. N. Huggett. Flipping the Classroom[C]//*An Introduction to Medical Teaching*. Springer Netherlands, 2014:41-55.

力的重大挑战。教师必须转变观念,接受从"讲台的神圣者"变为"旁边的指导者"时教师中心地位的弱化。教师必须指导学生观看教学视频,包括访问网站、记笔记和提问题等,使学生在利用网络资源上养成良好的学习习惯。在课堂上,教师引导学生通过团队逐一完成教学活动,学生成为学习主体,教师帮助遇到困难的学生,开展个别教学。教学环节与活动内容教师可以把控,但面临的具体问题或情境则需要教师灵活应对,特别是无序但却合理的教学环境,更需要教师的管理艺术。教师必须在一定高度实现预设课堂与生成课堂的有机统一。

总之,翻转课堂以其对传统课堂局限的突破、对学生主体地位的突显以及对课堂教学价值全面、深刻的彰显等而获得高回报的同时,又以其对教学观念与习惯的重建、实践应用条件的苛刻以及对教师精力与能力的全方位挑战等而让人爱恨交加、不知所措。尽管如此,但可以肯定的是,翻转课堂所承载的教学理念与价值诉求一定会成为未来教学改革的终极走向。因此,对于翻转课堂,一方面,我们要在适度解构传统课堂基础上积极践行其精神实质,做到"神"似;另一方面,在条件许可且尚未找到更合适的"形"的情况下,正确合理地对传统课堂进行翻转,力求做到"形""神"兼备,这才是我们应有的态度。

2. 项目化教学在翻转课堂中的应用[①]

近年来,借助现代信息技术提升教育教学效率,已成为国内外教育界课堂教学改革的又一浪潮。在我国普通高校,翻转课堂教学受到热捧,并有普及推广之势。在这一背景下,高职院校也在积极响应,试图以翻转课堂为抓手推动又一次教学改革。然而,我们不能一味地模仿、照搬普通高校的做法,还必须考虑到职业教育的特殊性,只有进行必要的"本土化",改革才能取得理想的效果。项目化教学作为我国高职院校重要的改革成果,早已深入人心,并成为职业教育所特有的教学策略。因此,实施翻转课堂必须考虑这一策略,并将其有机融入翻转课堂之中。

(1)项目化教学与翻转课堂的契合

翻转课堂的理论及应用策略,前文已展开,此不赘述。

项目化教学即对传统理论体系课程进行项目化开发后,通过实施一个完整的项目而开展的教学活动。项目化教学的价值诉求主要在于:第一,

---

[①] 这部分内容笔者此前已有论述,可参见下文,收入本书时有改动。宁业勤.项目化教学在翻转课堂中的应用[J].高等职业教育(天津职业大学学报),2015(03):76-79.

教学内容上以工作过程为导向,打破原有的学科理论体系,以"项目"为中心整合专业理论知识与岗位实践知识,为培养学生的职业技能搭建平台;第二,教学方法上以建构主义教学观为基础,以学生为中心努力实现"教、学、做"一体化,从而促进学生对新知识的自我建构,培养学生应用知识、解决问题及自我探究等方面的能力;第三,教学形式上以团队合作为主,在以经验为中心的情境中完成一个个项目,学生在获取知识的同时,还可有效培养合作精神、责任意识、沟通能力等职业素养。项目化教学在培养高素质应用技能型人才上发挥着积极作用,因而成为职业教育所特有的教学策略之一。

很显然,项目化教学与翻转课堂在本质上的一致性和诸多方面的相似性决定了它们之间的高度契合。

首先,二者有着共同的理论基础,即皮亚杰的建构主义理论和杜威的教育教学思想。二者都强调,学习是学习者在一定的情境下,在他人(包括教师和学伴)帮助下,通过协作活动而实现的意义建构的过程。二者都要求以学生为中心,鼓励学生积极参与课堂活动,使学生在获取知识的同时,技能与素质都得到全面提升。

其次,二者有着共同的价值诉求。二者不仅关注学生对知识的理解与领悟,更注重对知识的分析、综合与应用,都强调实际问题的解决与自我探究等方面能力的提升。同时,二者都旨在提升教育教学效率,对传统课堂教学进行颠覆性变革。

第三,二者实现了内容与形式上的完美统一。翻转课堂不只是对传统课堂在时空序列上的"翻转",教师应该目标明确地思考课程设计,开发有效的课堂学习活动,使学生积极参与,设计翻转课堂教学环节的一个重要标准即用各种活动提高学生的兴趣并促进学习。这就意味着翻转课堂重中之重即在于设计恰当的教学活动使学生积极参与学习过程,如问题解决、案例分析等。而实践性和操作性较强的项目化教学,作为各类教学活动的集合体,很自然地成为翻转课堂教学活动的最佳选择。在此,形式上的翻转课堂与内容上的项目教学实现了完美的统一。而且,这一统一也符合职业教育教学的需要,项目化教学为翻转课堂本土化打上了职业教育的烙印。

(2)项目化教学与翻转课堂的互补

将项目化教学应用于翻转课堂,能有效强化各自优势,进一步拓展价值空间。

第一,翻转课堂充分利用现代互联网技术,改变了传统教学的时空序列。将项目化教学应用于翻转课堂可在原有基础上大量引入互联网技术,为学生完成项目工作任务提供资源库,为师生及时沟通(包括指导)搭建交流平台,在项目管理上实现线上线下、课内课外有机统一。

第二,项目化教学要求学生通过团队合作的形式完成项目任务,以此促进学生在知识、能力与素质上的全面提升。这与充分照顾学生的个体差异、致力于培养学生应用知识以解决问题的实践能力、注重学生自我发展的翻转课堂在改革目标上不谋而合。而且,二者都强调学生的主体地位、强调学生对知识的自我建构。很显然,这些共同之处决定了二者的统一将极大地强化各自优势,实现 1+1>2 的功效。

第三,项目化教学和翻转课堂都注重最终的教学效果,前者要求学生完成项目任务后以"作品"的形式呈现,后者则强调课堂上的巩固练习与检查指导。如果在学生完成"作品"的过程中教师借助网络予以全程关注,或者将完成项目的部分过程移到课堂,实现二者的相互强化,就能更好地发挥各自优势。

第四,翻转课堂肇始于基础教育,关注的仅是课外线上和线下课堂两个时空,而将其移植至大学教育,并与强调学生课外团队活动的项目化教学相结合,就必须打破翻转课堂的时空限制,将其延伸至大学生的第二课堂,即课外实践活动。这样,翻转课堂就获得了新的诠释,同时也发挥着更大的作用。

将项目化教学应用于翻转课堂,还能相互弥补各自的不足,实现价值最大化。

第一,关于知识的学习问题。知识分为系统性较强的纯理论知识和隐含于实践工作情境中的实践性知识,也即陈述性知识和操作性知识,或曰显性知识和隐性知识。按照工作过程来序化知识,课程不再关注建筑在静态学科体系之上的显性理论知识的复制与再现,而更多着眼于蕴含在动态行动体系之中的隐性实践知识的生成与构建。由此可见,与工作过程紧密结合的项目化教学更注重学生对实践性知识的自我建构,而系统的专业理论知识被"碎片化"并融入项目之中。在这种情况下,学生难以掌握扎实系统的专业理论知识。就如许多学生反馈,完成项目任务后似乎什么都没学到。而且,在开发项目过程中,一些"零碎"的理论知识往往难以为所有项目所覆盖,开展项目化教学时,这些知识就容易遗漏。再者,如许多教师反映,有些课程、内容或知识点难以有效项目化,也就是说,有些理论知识难以有效融入项目化教学之中。对于上述问题,如引入翻转课堂,将碎片化的、易于遗漏的或者难以项目化的纯理论知识,以及项目涉及的一些关联性知识和前提性知识,都制作成视频材料,供学生网上学习,则便于学生较好掌握相关理论知识,也为学生完成项目任务做准备。而且,回到课堂教师可对重要知识进行巩固与总结,加深学生对知识的理解。

第二,关于学生课外学习与活动的积极性问题。学生能否积极参与,这是项目化教学和翻转课堂都广受质疑的问题。项目化教学中,学生在完成项目的过程中能否积极参与——特别是具有一定惰性的高职学生,尤其存疑。在翻转课堂中也存在同样的窘境,难以确保学生积极认真地学习网络视频材料,中小学生有赖于父母的监督,而大学生则缺少这样的监督。然而,将二者有机统一,挖掘其中有利因素,将能解决这一问题。首先是利用好网络技术,通过网络平台,全程跟踪学生课外视频学习和项目完成过程,在学生的反馈与回应中实现远程监督;其次,通过团队合作实现相互监督,分组合作、接受任务、项目开展等都必须在学习视频后方可展开,只有先自行学习视频材料,才能进入团队完成项目任务。

(3)项目化教学与翻转课堂的统一

将项目化教学应用于翻转课堂,实现教学价值最大化,还必须在教学过程上促使二者有机统一。

在翻转课堂实施过程中,教师在课堂传授知识这一传统环节,改以录制成的视频置于网络供学生课前学习。因此,教师创建教学视频与学生网上学习就成为翻转课堂最初的两个环节。学习视频后,学生即带着各自的问题回到课堂,师生讨论并予以回答;接着教师针对教学重难点设置一定问题并布置学习任务,经分组合作、实验探索、师生互动等方式最终对问题做出解答。课堂上的这一环节是翻转课堂的关键,学生在视频中学习的知识得以内化,学生在自我探究中能力得以提升,分组活动激发兴趣、活跃思维、培养个性,并实现素质提升。接下来是教学评估,根据学生学习过程和结果,结合小组的汇报与自评,对学生进行点评。最后,教师对重要知识点和整个教学过程中的表现做出总结,以加深学生对知识的掌握,激励学生积极参与。总结,整个翻转课堂按如下程序推进:教师创建视频→学生学习视频→解决学生问题→教师布置任务→分组自我探究→完成任务→教师点评→教学总结。

关于项目化教学实施步骤,人们已达成一定共识,基本按如下程序进行:布置项目任务→学习咨询→制定方案→实施方案→成果汇报→点评归纳→修改完善。对课程内容进行项目化开发后,即进入教学程序。首先是布置项目任务,让学生明确项目内容与目标,接着在班内进行分组,经研讨、咨询制定项目实施方案,并在小组内进行分工。项目方案的实施是项目化教学的关键环节,通过团队合作和自我探究,实现知识、技能(能力)和素质的全面提升。之后进入课堂教学环节,各组提交项目"成果",并对项目完成情况进行汇报,谈感悟、谈合作、谈策略、谈经验等,开展自我评价,小组间相互交流学习。接着教师对各小组"成果"及其完成过程进行点评,并对整个教学活动进行总结。最后,各小组明确各自改进方向与策略。课堂上的这些环节强调学生的反思、归纳与总结,关注对教学重点的把握,认真做好点评,形成有效的激励机制。

实现项目化教学与翻转课堂的有机统一,必须对各自教学步骤进行有机整合,有效凸显各个环节所应承载的教学功效。在教学项目开发后,教师对涉及项目的前提性知识、部分理论知识和相关知识进行梳理,并选择性地录制视频。学生课外学习视频材料,为项目开展作相关准备。教师通过网络平台,创设问题情境,布置项目任务。学生分组分工,讨论并制定项目实施方案。学生通过自主探究、网络查询、教师咨询等,渐次完成项目任务。整个项目实施过程中,教师通过网络平台实现师生互动,对学生进行全程跟踪、答疑、指导和监督。可根据项目活动的内容和教学时间,恰当安排项目实施的空间,或校园内,或校外企业,也可在课堂或部分置于课堂。项目任务完成后,各小组分享各自"成果"并进行自我评价,引导学生深入反思与总结,促进小组间交流与学习。教师对各小组完成情况进行客观公正的评价。最后,教师对项目任务所涉及的各方面知识,包括系统的理论知识、应该领悟到的实践性知识以及习得的专业技能进行巩固总结,强化学生对知识的把握、明确能力提升的方向。总体上看,项目化教学应用于翻转课堂,可遵循以下步骤:项目开发→教师创建视频→学生线上学习视频→创设情境布置项目任务→学生分组分工→制定项目实施方案→自主探究项目实施→成果展示自我评价→教师点评→教学总结。

总之,基于共同的理论基础和价值诉求,实现项目化教学与翻转课堂的有机统一,不仅能发挥各自原有的优势,还能做到相互弥补、相得益彰,实现价值最大化。当然,不管是项目化教学,还是翻转课堂,抑或是二者的结合,教师都必须提前做足准备工作,包括项目开发、视频录制以及翻转方案的制定等,这是确保一定教学效果的重要前提。

四、师生信息素养评价

（一）信息素养内涵

什么是信息素养，它所指究竟为何？对此，许多研究者提出了各自的观点。最早的信息素养概念由时任美国信息产业协会主席 Paul Zurkowski（保罗·泽考斯基）于1974年提出。他认为，具备了信息素养的人是指那些能够把信息资源和信息工具加以利用的人，可以通过培训帮助人们掌握信息工具的使用技巧并对信息源进行有效利用，从而使他们成为具有信息素养的人。[①]

董彦把信息素养定义为个体能判断和确定何时需要信息，并能借助媒体与技术查找、检索、识别、获取、表达、交流、评价、加工、传递、利用和创新信息的态度和能力，以及在现代信息社会中工作、学习和生活的信息责任与道德。信息素养一般包括信息意识、信息知识、信息应用能力和信息伦理道德等内容。[②]

从上面的概念不难发现，随着人们认识的不断加深，其内涵也在不断丰富。至此，信息素养已不仅指信息知识、信息技术应用的相关能力以及相关伦理道德。

对此，杨晓光作了较为全面的概括。他认为信息素养包括：

获取信息——能根据自己的学习目标有效地收集各种学习资料与信息，能熟练地运用阅读、访问、讨论、参观、实验、检索等获取信息的方法；

处理信息——能对收集的信息进行归纳、分类、存储记忆、鉴别、遴选、分析综合、抽象概括和表达等；

生成信息——在信息搜集的基础上，能准确地概述、综合、改造和表述所需要的信息，使之简洁明了，通俗流畅并且富有个性特色；

创造信息——在多种收集信息的交互作用的基础上，迸发创造思维的火花，产生新信息的生长点，从而创造新信息，达到收集信息的终极目的；

发挥信息的效益——善于运用获得的信息解决问题，让信息发挥最大

---

① 转引自赵雅萍.大学生信息素养评价指标体系构建及应用研究[D].济南：山东大学，2013.

② 董彦.高校教师信息素养评价体系研究[J].琼州学院学报，2012(12)：46-48.

的社会和经济效益;

信息协作——使信息和信息工具作为跨越时空的、"零距离"的交往和合作中介,使之成为延伸自己的高效手段,同外界建立多种和谐的协作关系;

信息免疫——浩瀚的信息资源往往良莠不齐,需要有正确的人生观、价值观、甄别能力以及自控、自律和自我调节能力,能自觉地抵御和消除垃圾信息及有害信息的干扰和侵蚀,并且完善合乎时代的信息伦理素养。①

(二)师生信息素养评价

师生信息素养既是信息化教学的重要条件,又是信息化教学的一个重要内容。关于信息素养的评价,已有研究也多有涉及,以下列出部分评价标准与体系。

赵雅萍在理论研究的基础上构建了大学生信息素养评价指标体系(表2-10)。②

表2-10 大学生信息素养评价指标体系

一级指标	二级指标	三级指标
信息知识	信息需求确定	明确自己是否有信息需求
		能够明确表达自己的需求
		能够描述信息需求的关键词和术语
	信息源的确定	了解信息的产生、组织和传播过程
		明确各种信息源的价值和适用对象(如多媒体、数据库、网站、数据系统、声像、纸质文本)
	信息敏感度	够及时捕捉生活中的信息
		能够理解别人信息中的潜台词
		能够过滤无用的信息

---

① 杨晓光.信息素养内涵剖析与评价[J].情报资料工作,2004(09):17-19,27.
② 赵雅萍.大学生信息素养评价指标体系构建及应用研究[D].济南:山东大学,2013.

续 表

一级指标	二级指标	三级指标
信息获取能力	信息工具选择	能够选择高效的信息检索、交流、记录工具
		明确不同工具方法的优缺点和适用性
		了解信息检索系统的检索范围等基本情况
	信息检索策略	能转换或修改检索关键词
		能够控制词义的具体内容
		能够使用高级搜索等搜索命令
		能够利用布尔逻辑运算符等搜索策略
		能够使用不同语言进行检索
		能够利用信息服务机构进行检索
		能够利用面谈、调查等方式获得信息
信息利用能力	信息记录能力	能选择不同技术方法记录信息(如拷贝、扫描等)
		能够记录所有相关信息,以便以后参考
		能够正确引用和记录资料的语句
	信息概括能力	理解文本大意
		能用自己的话复述原文
		能够恰当地引用原文
	信息理解能力	明确信息之间的关系
		能够扩充信息
		能够提高信息的中心思想
	信息评价能力	能够评价信息的可靠性、时效性
		能够避免不良信息的干扰
		能够确认作者所处环境对信息的影响
		能够预测信息对环境、事物的影响
信息吸纳能力	信息创造能力	能够对比新旧信息
		能够将信息整合进原有的知识体系
		根据所收集到的信息得出新的信息
		能够变换信息的格式或位置

续　表

一级指标	二级指标	三级指标
信息吸纳能力	信息共享能力	选择最佳的信息表现方式
		能够顺畅地讲解自己要表达的信息
		面对不同的对象,采用不同的信息传达方式
信息伦理	信息法律	了解信息的隐私和安全的相关法律
		知道言论审查和信息自由相关法律
		懂得知识产权相关法律
	信息道德	遵守团体的有关获取信息资源的政策
		维护信息资源、设备、系统和食品的完整性
		能够分辨信息收费和免费的原则
	信息规范	不把属于他人的成果据为己有
		使用正确的格式引用信息
	信息安全	能够保证自己隐私信息的保密性

史焰青则专门针对高职院校学生构建了信息素养评价框架(表2-11)。①

表2-11　高职学生信息素养评价指标体系

一级指标	二级指标	三级指标
信息意识	信息价值认识	社会信息价值认识
		职业信息价值认识
	信息敏感度	一般信息敏感度
		职业信息敏感度
	信息需求度	生活信息需求度
		职业信息需求度
信息获取	信息知识	联机知识
		脱机知识

---

① 史焰青.信息化条件下高职院校学生信息素养评价研究[J].农家参谋,2019(04):296-298.

续　表

一级指标	二级指标	三级指标
信息获取	信息工具	普通信息工具
		高级信息工具
信息处理	信息评价	信息真实性评价
		信息专业性评价
	信息保存	信息保存
	信息加工与创新	文字、数字信息加工
		图片、音频信息加工
	信息交流	信息交流意识
		信息交流方式
信息道德	信息获取道德	信息获取道德
	信息使用道德	信息使用道德
	信息交流道德	信息交流道德

教师信息素养也成为研究者关注的领域，参考学生信息素养评价并结合教师工作实际，也有研究者构建了教师信息素养评价体系，如董彦构建的高校教师信息素养评价体系（表 2-12）。[①]

表 2-12　高校教师信息素养评价体系

一级指标	二级指标	指标注解
信息意识及对信息化的理解和态度	信息应用认知	有为改进教学而积极学习计算机、投影机、投影仪等多种信息媒体操作的欲望，并能付诸行动。
	信息检索认知	有寻求信息的兴趣，有利用信息传递与获取为个人教育教学、科研探索或社会发展服务的愿望。
	信息教育指导责任态度	指导学生运用现代信息技术手段来提高信息能力，能积极鼓励、正确引导学生使用信息工具，注重对学生进行信息品德教育。

① 董彦.高校教师信息素养评价体系研究[J].琼州学院学报.2012(12):46-48.

续　表

一级指标	二级指标	指标注解
理解和运用多种信息技术的能力	信息利用基本技能	具有利用检索工具或参考工具书来获取信息的能力,将经处理的信息有机组织到科研论文、多媒体课件、博客、个人网页等个人信息材料体系中。
	信息教学应用	熟悉多媒体教室和网络课程,懂得正确操作和使用方法;熟练运用多媒体课件用于教学和讲座。
	信息社会交流	有自己的电子信箱和QQ群体并经常使用,会发送和接收邮件及附件,能够很好利用网络资源。
	文献信息与科研检索	采取有效的检索策略获取文献研究信息,独立或合作完成一项具体的信息检索和利用任务,选择合适的科研课题。
信息伦理与安全	信息学术诚信	合理使用信息资源,避免侵权,避免剽窃。
	信息伦理教育	重视对学生的信息伦理教育,提高学生获取与运用信息的道德意识,维护学生的信息健康。
	信息安全使用	能确保技术环境的安全性和提高技术应用的安全性。

上述有关学生信息素养的评价体系,大多从信息认知、信息获取、信息利用以及信息伦理等方面进行评价;而有关教师的信息素养评价,主要围绕教学和科研两个方面,信息认知与态度、信息应用(特别是在课堂教学、学生培养及科研等方面的应用)、信息伦理与安全等成为关注的主要内容。师生信息素养既是信息化教学有效性的条件,又是信息化教学有效性的结果,上述研究成果为本书提供了极有意义的参考。

五、信息技术融入教学的有效性评价[①]

(一)评价目的的定位

要构建评价体系,必先对评价目的有清晰准确的定位。在此,厘清"深度融合"的目的成为定位评价目的的关键。

[①] 这部分内容笔者此前已有论述,可参见下文,收入本书时有改动。宁业勤.信息技术与课堂教学深度融合的有效性评价探索[J].上海教育评估研究,2017(05):30-33.

1.深度融合下课堂教学的结构性变革

许多学者围绕"深度融合"展开了较为深入的探究,杨宗凯等在系统分析信息技术与教育融合的发展阶段的基础上,总结出了教育与信息技术深度融合的表征,即传统教育模式的革新、教学方式的变革、新型教学工具的应用、教学内容的创新、全新学习环境的营造等五个方面。[1]

周洪宇从信息技术功能的视角探讨了"深度融合"的动态过程与根本任务。他指出,信息技术与教育深度融合,不是点缀式、浅表化的技术应用,而是信息技术与教育教学的相互促进。要将信息技术融入教育教学全过程,运用信息技术逐步改变传统教育教学过程与模式,实现从以知识传授为主的教学方式向以能力素质培养为主的教学方式的转变,进一步突破传统教学活动的时空限制,提升教育教学的效率与质量,这是信息技术与教育教学深度融合的根本任务。[2]

何克抗教授对《教育信息化十年发展规划(2011—2020年)》作了全面解读,并围绕"结构性变革"作了深入独到的阐述。他指出教育与信息技术深度融合是对课堂教学产生"革命性影响"的重要途径。提出深度融合就是要促使课堂教学发生"结构性变革",其基本内涵即改变组成课堂教学结构的四要素——教师、学生、教学内容和教学媒体,使"以教师为中心"的传统课堂教学结构转变为"主导—主体相结合"的新型课堂教学结构。[3]

从学者的论述可以归纳以下几点:其一,"深度融合"的目的在于使传统教学发生"结构性变革",从而对教育教学产生"革命性影响",最终实现教育现代化;其二,"结构性变革"体现在传统课堂各构成要素在信息技术的融入下发生重大解构与重组,其中最核心的是"主导—主体相结合"的教学结构之形成;其三,具体来看,"结构性变革"主要表现在师生角色、教学方式、教学工具、教学内容、教学环境、教学时空等方面,具体如表2-13所示。

---

[1] 杨宗凯,等.论信息技术与当代教育的深度融合[J].教育研究,2014(3):88-95.
[2] 周洪宇.信息技术与教育深度融合的政策建议[J].人民教育,2014(7):11-14.
[3] 何克抗.如何实现信息技术与教育的"深度融合"[J].课程教材教法,2014(2):58-62.

表 2-13 课堂教学结构性变革的外在体现

课堂类型	教学结构				
	师生角色	教学方式	教学工具	教学内容	教学环境
传统课堂	教师主宰课堂,知识的灌输者;学生是外部刺激的被动接受者	以教师为中心,以教为主,一刀切、齐步走	功能单一、交互性弱、损耗大、疏于灵巧	传统的知识体系与学科结构	有形的物理空间,有限的教学资源
现代课堂	教师是组织者、指导者、促进者;学生是知识的建构者、信息加工与情感体验主体	以学生为中心,以学为主,关注自主探究与合作	多功能、可持续、交互性强、灵活轻便	跨学科知识结构重组,信息技术类内容的拓展	突破时空的虚拟环境,教育云支持下的资源互通

2. 深度融合对课堂教学的革命性影响

从以上学者论述来看,他们关注更多的是课堂教学现象或形态上的改变,即结构性变革,尚未集中探讨这些变革所潜藏的价值诉求,即革命性影响。外在结构上的变革不一定能产生预期的内在价值,因此,必须循着外在的"结构性变革"进一步探究预期的"革命性影响",才能真正明确"深度融合"的实质。

"结构性变革"的价值诉求,或者说"革命性影响"的具体内容又是什么呢?"变革"是课堂教学构成要素的重组,进而创新课堂结构。之所以要变革与创新,是因为传统课堂教学存在问题,它无法满足最重要的价值主体即学生自由全面发展的需要。也就是说,"结构性变革"的原动力在于传统课堂教学的价值缺陷,那么,厘清价值缺陷就成为探究价值诉求的关键。从课堂教学实际来看,传统课堂的价值缺陷集中体现在认知水平的达成、个性化与社会化的养成以及自主探究与知识建构能力的培养等方面,具体如表2-14所示。

表 2-14 课堂教学结构性变革的价值诉求

课堂类型	价值诉求				
	认知水平	个性化发展	社会化发展	自我探究与知识建构能力	信息意识与应用能力
传统课堂	知识、领会	一刀切、满堂灌、齐步走抹杀学生的个性化,忽视学生的独立性与自主性	少有互动与合作及严肃的课堂氛围抑制学生社会性的形成	教师中心的单向、强制灌输限制知识的自我探究与建构	落后于时代,忽视信息技术的培养
现代课堂	知识、领会、运用、分析综合、评价	打破统一步调,提供个性张扬机会,获得个性化指导,习得个性化学习策略,养成个性思想	丰富的互动、合作与团队交往、活跃的课堂氛围,生活即学习,态度品质等得到强化与纠正	学生中心,教师引导,学生自主探究,对知识实现自我建构	紧跟与前瞻时代需要,培养合格新世纪人才,是内容也是手段

由是观之,"深度融合"的真正目的是通过信息技术,使传统课堂在教学模式、教学方式等方面发生"结构性变革"的同时产生"革命性影响",即纠正传统课堂教学在认知水平达成、个性化与社会化养成、自我探究与知识建构能力以及信息意识与应用能力培养等方面存在的价值缺陷,全面实现课堂教学价值。

(二)评价体系构建的原则

在明确评价目的基础上,结合课堂教学信息化实践,构建评价指标体系还必须遵循以下原则。

第一,解决传统课堂老问题。传统课堂深受诟病的老问题是传统课堂价值缺陷的集中体现,是一切课堂教学改革与创新的出发点与落脚点。如上文所述,这些问题主要有:教师主宰一切;填鸭灌输式教学;一刀切的人才培养;一对多的单向交往方式;固定化、程式化的教学模式;忽视自主与合作意识的培养等。这些问题一直以来困扰着教学研究者与实践者,虽然创新层出不穷,如发现学习、合作学习、体验式教学等,但遗憾的是,这些"修修补补"式的改革,根本无法全面解决存在的问题。直到信息技术的到来,研究者与实践者猛地发现,一直困扰着我们的问题终于有解决的可能了。正是如此,基于信息技术的教学模式——如翻转课堂等,才如此迅速地席卷国内外整个教育领域。然而,教育教学信息化如何才能够解决传统问题?总的来说就是充分发挥信息技术的功能与价值,提升人才培养质量。具体来说,通过信息技术应完成优化教学环境、丰富教学资源、创新教学内容,建立以学习者为中心的教学和学习方式,开展启发式、探究式、讨论式、参与式教学,促进知识建构与探究能力提升,培养学生信息素养与创新精神等具体目标,以切实提升教学质量为最终目标。构建本评价体系正是对这诉求的理性回应。

第二,抓住教学信息化实质。随着信息技术在课堂教学中的广泛应用,各种各样的媒体素材、软件技术、学习平台以及对它们综合运用而产生的较为成熟的教学模式,可谓层出不穷,如图片、音视频、电子教材、电子书包、微信、MOOC、SPOC、微课、微视频、雨课堂、蓝墨云、混合式教学、翻转课堂等。信息技术催生出的这些新事物,无不深刻地影响着课堂教学理念与行为,为创新课堂教学提供了大量可供选择的手段。然而,这些信息技术犹如工具箱里的一个个工具,它们的使用有针对性与局限性:就某一特定工具的使用而言,由于教学内容与使用者的不同,也会出现使用不习惯或在应用充分程度上的差异;完成某一任务可以选用这一工具,也可以选用那一工具。这些都说明信息技术的多样性、选择与应用的复杂性以及使用效果的差异性。这就给教学评价提出了挑战,评价者不可能熟知每一种技术手段,何况这些技术还如此快速地推陈出新。因此,选择评价指标必须剔除信息技术使用过程中展示在外的表象性的东西,抓住教学信息化实质,关注应用信息技术在完成教学任务、达成教学目标、解决传统问题以及提高教学效率中的适切性与有效性。

第三,重视信息技术的人文性。工具性是信息化教学最初的、最直接的内涵,即应用技术来促进教学,在教学的各个环节融入信息技术手段。有时为了应用技术而应用技术,最后导致"人灌变电灌"、"技术凌驾于人之上"等异化现象。当生命问题不再作为哲学问题,而是根本地成为技术问题并以技术的方式得以追问和解决,教育便远离了丰富多彩的生活世界,人也因技术的"扣留"而淡忘了生命的意义和价值,进而出现了技术精神与人文精神之间的尖锐对立,教育的异化则达到了它的极端状态。[①] 因此,必须关注信息技术的人文性,人文性是信息化教学经历长期的发展和反思才提出的一些内涵,即信息化教学要从人的发展角度去重新思考教学的本源,以人文观点理解信息技术的作用,理解教师的角色,关注学生的发展,更加强调信息

---

① 张刚要,李艺.信息技术教育应用之外的第二条道路——"信息技术与教育深度融合"路径之反思[J].中国电化教育,2016(05):13-17.

化教学的个性化与交互性、评价的多元性、价值取向的人文性等。① 鉴于此，信息化教学还是得回归到教育的重要目的上来，即学生的社会化与个性化。一方面如上所述，把课堂交还给学生，建立以学生为主体、教师为主导的课堂主轴，在团队合作与学伴互助下，教师引导并强化社会化"法则"；另一方面应发挥教师的个别辅导作用，鼓励并弘扬学生差异化发展。故此，信息化教学的有效性评价必须对此予以关注。

第四，关注教学活动全过程。无论是传统课堂还是现代课堂，在时间序列上教学活动都呈现出课前、课中和课后三个明显阶段。毫无疑问，考察信息技术与课堂教学的融合情况应当重点关注"课中"部分，这不仅因为课堂教学更便于评价者观察与度量，更重要的是课堂集中展示了信息技术应用、课堂教学目标实现的情况。然而，在互联网、大数据、教育云以及各类资源共享平台等信息技术的融入下，传统的封闭式教学场所与同步的教学过程被彻底打破，教师借助网络开展异步教学成为可能，课堂教学在时空上得以向前、向后拓展与延伸。因此，教学过程中的课前与课后阶段同样应该受到重视，它们直接或间接地决定或体现深度融合的有效性。具体来看，课前阶段主要包括三个方面：教学设计，特别是教学内容与信息技术"深度融合"的前瞻思考；静态的信息技术的准备状态，如教学平台的搭建、教学资源的有用性及可获得性等；动态的课前教学活动的开展，如学生自主学习等。在课后延伸阶段，重点关注课外教学活动的完成情况、学生评课和教学反思等。

第五，综合考量教学各要素。课堂教学基本要素有师生、教学内容（教科书、教学大纲等）、教学工具、时空等。为了便于研究分析，人们对这些基本要素进行多角度排列组合，从而形成一个个结构要件，如教学模式、教学手段、教学环境等。很显然，无论是基本要素还是结构要件，它们与一堂课之间形成部分与整体的关系。部分与整体的关系要求我们在开展评价或选择指标时，既不能脱离部分，又不能片面关注部分，既要考虑到部分在促成有效整体形成中的作用，又要警惕对有机整体进行"抽筋剥皮"式的分析所带来的不利影响，必须对课堂构成部分进行综合考察，特别关注其是否实现或在多大程度上实现了 $1+1>2$ 的效果。信息化课堂更应如此，因为融入信息技术的课堂结构变得更为复杂。如果仍像传统的评价那样，从不同的结构要件如教学目标、教学模式、教学方法等来评价一堂课，不仅给评价者带来判断上的难度，也会落入舍本逐末的误区，偏离评价目的。

---

① 刘斌.信息化教学有效性的理论思考——对信息化教学本质的再认识[J].现代教育技术,2013(03):26-30.

(三)评价体系构建

1. 评价内容的筛选与确定

根据前述理论分析,在借鉴已有相关评价指标体系的基础上,笔者梳理出影响或决定信息技术深度融入课堂教学有效性的评价指标,并初步构建了评价体系,见表2-15。

表2-15 信息技术深度融入课堂教学有效性评价指标体系

维度	评价领域	主要观测点
A.课前准备	A1.教学设计	A11.教学目标明确具体、重点突出,内容与目标相契合。
		A12.教学环节构思得当,方法手段设计恰当,教学考核考虑周全。
		A13.教学活动切合教学目标,应用信息技术预想合理。
		A14.教育思想与教学理念先进,遵循学生认知规律和教学实际。
	A2.教学平台	A21.资源的有用性、资源的可获得性、使用的便捷性、资源的利用等情况。
		A22.平台的互动、监督与评价等满足教学需要情况。
	A3.课前教学活动	A31.任务布置的合理性及完成情况。
		A32.课前师生沟通及教师辅导的可获得性情况。
B.课堂教学	B1.师生角色	B11.教师主导、学生主体的基本情况。
		B12.教师组织、引导、促进等角色的实现程度。
	B2.师生信息素养	B21.教师主动探索应用信息技术优化课堂、变革学习方式的意识。
		B22.教师了解常用软、硬件信息技术对教学的支撑作用并能熟练、恰当、合理、有效应用。
		B23.学生利用信息技术解决学习问题的自觉性与实效性。
		B24.学生具备信息道德与信息安全意识,具有良好的行为习惯。

续　表

维度	评价领域	主要观测点
B.课堂教学	B3.教学资源	B31.教学资源的选择与应用切合教学目标,合理、有效。
		B32.探索使用支持学生自主、合作、探究学习的网络教学平台或利用新形态教材等技术资源,拓展学习空间。
	B4.重难点解决	B41.落实教学计划,教学氛围良好,学生参与度高。
		B42.教学重点难点问题有效解决,合理应对课堂生成性问题。
	B5.诊断与考核	B51.利用信息技术收集学生学习过程信息,诊断发现问题并有效解决。
		B52.利用信息技术开展形式多样、主体多元的课堂考核。
	B6.学生发展	B61.教师引导学生开展自主探究、知识建构以及培养学生创新思维能力情况。
		B62.学生领悟并掌握基本知识,对知识进行应用、分析、综合与评价等情况。
		B63.学生得到个性化指导,个性化学习策略培养,个性品质培养情况。
		B64.学生合作学习、师生、生生互动以及符合社会规则的情感态度价值观培养情况。
C.课后延伸	C1.课后教学活动	C11.活动安排的合理性及活动的完成情况。
		C12.课后师生沟通以及教师辅导的可获得性情况。
	C2.学生评课	C21.对知识掌握情况的自我评价。
		C22.对教师课堂教学的整体满意度。
		C23.对自主探究与合作学习的自我评价。
		C24.对教学全过程信息技术应用情况的满意度。
	C3.教学反思	C31.教师对教学设计实施情况的自我评价。
		C32.教师对使用信息技术完成任务解决问题的自我评价。
		C33.教师对教学中存在问题的觉知与改进分析。

在指标体系初步确定后,对于评价领域和主要观测点进行专家评价,设计专家评价表(表2-16)

表 2-16　信息技术深度融入课堂教学有效性评价指标专家评价表

指标及观测点	很重要	重要	一般	不重要	很不重要	意见与建议
A1. 教学设计						
A11. 教学目标明确具体、重点突出,内容与目标相契合。						
A12. 教学环节构思得当,方法手段设计恰当,教学考核考虑周全。						
A13. 教学活动切合教学目标,应用信息技术预想合理。						
A14. 教育思想与教学理念先进,遵循学生认知规律和教学实际。						
A2. 教学平台						
A21. 资源的有用性、资源的可获得性、使用的便捷性、资源的利用等情况。						
A22. 平台的互动、监督与评价等满足教学需要情况。						
A3. 课前教学活动						
A31. 任务布置的合理性及完成情况。						
A32. 课前师生沟通及教师辅导的可获得性情况。						
B1. 师生角色						
B11. 教师主导、学生主体的基本情况。						
B12. 教师组织、引导、促进等角色的实现程度。						
B2. 师生信息素养						
B21. 教师主动探索应用信息技术优化课堂、变革学习方式的意识。						
B22. 教师了解常用软、硬件信息技术对教学的支撑作用并能熟练、恰当、合理、有效应用。						
B23. 学生利用信息技术解决学习问题的自觉性与实效性。						
B24. 学生具备信息道德与信息安全意识,具有良好的行为习惯。						

续　表

指标及观测点	重要性评价					意见与建议
	很重要	重要	一般	不重要	很不重要	
B3.教学资源						
B31.教学资源的选择与应用切合教学目标、合理、有效。						
B32.探索使用支持学生自主、合作、探究学习的网络教学平台或利用新形态教材等技术资源,拓展学习空间。						
B4.重难点解决						
B41.落实教学计划,教学氛围良好,学生参与度高。						
B42.教学重点难点问题有效解决,合理应对课堂生成性问题。						
B5.诊断与考核						
B51.利用信息技术收集学生学习过程信息,诊断发现问题并有效解决。						
B52.利用信息技术开展形式多样、主体多元的课堂考核。						
B6.学生发展						
B61.教师引导学生开展自主探究、知识建构以及培养学生创新思维能力情况。						
B62.学生领悟并掌握基本知识,对知识进行应用、分析、综合与评价等情况。						
B63.学生得到个性化指导,个性化学习策略培养,个性品质培养情况。						
B64.学生合作学习、师生、生生互动以及符合社会规则的情感态度价值观培养情况。						
C1.课后教学活动						
C11.活动安排的合理性及活动的完成情况。						
C12.课后生生沟通以及教师辅导的可获得性情况。						
C2.学生评课						

续 表

指标及观测点	重要性评价					意见与建议
	很重要	重要	一般	不重要	很不重要	
C21.对知识掌握情况的自我评价。						
C22.对教师课堂教学的整体满意度。						
C23.对自主探究与合作学习的自我评价。						
C24.对教学全过程信息技术应用情况的满意度。						
C3.教学反思						
C31.教师对教学设计实施情况的自我评价。						
C32.教师对使用信息技术完成任务解决问题的自我评价。						
C33.教师对教学中存在问题的觉知与改进分析。						

本次评价表发放选择宁波市三所高职院校进行，发放对象主要是教务管理人员、教学督导、教学信息化研究人员以及一线教师，共发放120份，回收110份，有效105份。回收后进行具体统计分析。统计分析使用频数分析和词频分析两种方法。频数分析主要是进行算术平均数和众数的计算，统计结果发现，除个别指标外，其他指标得分的众数都为5，说明专家们比较认同本指标体系。词频分析主要是指出修改意见中出现频率最高的词语，作为修改的主要依据。各指标的算术平均分见表2-17。

表2-17　专家评价表结果综合分析

原指标及观测点	算术平均分	意见与建议
A1.教学设计	4.82	
A11.教学目标明确具体、重点突出，内容与目标相契合。	4.73	
A12.教学环节构思得当，方法手段设计恰当，教学考核考虑周全。	4.72	
A13.教学活动切合教学目标，应用信息技术预想合理。	4.69	表达不严谨，"教学活动"是预设的

续 表

原指标及观测点	算术平均分	意见与建议
A14.教育思想与教学理念先进,遵循学生认知规律和教学实际。	4.65	
A2.教学平台	3.62	不是所有教师都用到教学平台
A21.资源的有用性、资源的可获得性、使用的便捷性、资源的利用等情况。	4.31	与后面"教学资源"有重复
A22.平台的互动、监督与评价等满足教学需要情况。	3.72	不是所有教师都用到教学平台
A3.课前教学活动	4.65	
A31.任务布置的合理性及完成情况。	4.71	
A32.课前师生沟通及教师辅导的可获得性情况。	4.67	
B1.师生角色	4.82	
B11.教师主导、学生主体的基本情况。	4.56	与B12有重叠
B12.教师组织、引导、促进等角色的实现程度。	4.65	表述不严谨,"角色"不明
B2.师生信息素养	4.67	
B21.教师主动探索应用信息技术优化课堂、变革学习方式的意识。	4.92	
B22.教师了解常用软、硬件信息技术对教学的支撑作用并能熟练、恰当、合理、有效应用。	4.95	
B23.学生利用信息技术解决学习问题的自觉性与实效性。	4.67	
B24.学生具备信息道德与信息安全意识,具有良好的行为习惯。	4.56	
B3.教学资源	4.68	
B31.教学资源的选择与应用切合教学目标,合理、有效。	4.76	
B32.探索使用支持学生自主、合作、探究学习的网络教学平台或利用新形态教材等技术资源,拓展学习空间。	4.69	

续　表

原指标及观测点	算术平均分	意见与建议
B4.重难点解决	4.95	表述不严谨,重难点
B41.落实教学计划,教学氛围良好,学生参与度高。	4.66	"落实教学计划"表述不合理
B42.教学重点难点问题有效解决,合理应对课堂生成性问题。	4.78	
B5.诊断与考核	4.75	
B51.利用信息技术收集学生学习过程信息,诊断发现问题并有效解决。	4.76	
B52.利用信息技术开展形式多样、主体多元的课堂考核。	4.87	
B6.学生发展	4.93	
B61.教师引导学生开展自主探究、知识建构以及培养学生创新思维能力情况。	4.97	
B62.学生领悟并掌握基本知识,对知识进行应用、分析、综合与评价等情况。	4.76	
B63.学生得到个性化指导,个性化学习策略培养,个性品质培养情况。	4.85	表述不通顺
B64.学生合作学习、师生、生生互动以及符合社会规则的情感态度价值观培养情况。	4.83	
C1.课后教学活动	4.64	
C11.活动安排的合理性及活动的完成情况。	4.57	
C12.课后师生沟通以及教师辅导的可获得性情况。	4.65	
C2.学生评课	4.71	
C21.对知识掌握情况的自我评价。	4.75	
C22.对教师课堂教学的整体满意度。	4.82	
C23.对自主探究与合作学习的自我评价。	4.62	
C24.对教学全过程信息技术应用情况的满意度。	4.22	学生难以准确自评
C3.教学反思	4.73	
C31.教师对教学设计实施情况的自我评价。	4.65	

续 表

原指标及观测点	算术平均分	意见与建议
C32.教师对使用信息技术完成任务解决问题的自我评价。	4.67	
C33.教师对教学中存在问题的觉知与改进分析。	4.73	

在进行统计分析之后,结合专家访谈结果,发现初步构建的指标体系存在以下几方面问题:

(1)某些指标表述不严谨。如 A13 中的"教学活动切合教学目标",这是"教学设计"领域中的指标,如此表述则有被认为是教学过程中之可能,故改为"教学活动设计切合教学目标";再如 B4 中的"重难点解决",应改为"重点难点解决"等。

(2)某些指标有重叠。如 A21 涉及"教学资源",而在 B3 中又提及"教学资源"。

(3)某些指标不够合理。如 A2 中的"教学平台",实际上并不是每位教师的每堂课都会用到教学平台。

结合统计的整体情况及各项指标的算术平均分,决定删除低于 4.5 分的指标,对有重叠之嫌的指标进行合并,对表述不严谨和不通顺的指标进行修订。最终确定的指标体系见表 2-18。

表 2-18 信息技术深度融入课堂教学有效性评价指标

维度	评价领域	主要观测点
A.课前准备	A1.教学设计	A11.教学目标明确具体、重点突出,内容与目标相契合。
		A12.教学环节构思得当,方法手段设计恰当,教学考核考虑周全。
		A13.教学活动设计切合教学目标,应用信息技术预想合理。
		A14.教育思想与教学理念先进,遵循学生认知规律和教学实际。
	A2.课前教学活动	A21.任务布置的合理性及完成情况。
		A22.课前师生沟通及教师辅导的可获得性情况。
B.课堂教学	B1.师生角色	B11.学生主体地位体现情况。
		B12.教师组织、引导、促进等主导角色的实现程度。

续　表

维度	评价领域	主要观测点
B.课堂教学	B2.师生信息素养	B21.教师主动探索应用信息技术优化课堂、变革学习方式的意识。
		B22.教师了解常用软、硬件信息技术对教学的支撑作用并能熟练、恰当、合理、有效应用。
		B23.学生利用信息技术解决学习问题的自觉性与实效性。
		B24.学生具备信息道德与信息安全意识,具有良好的行为习惯。
	B3.教学资源	B31.教学资源的选择与应用切合教学目标,合理、有效。
		B32.探索使用支持学生自主、合作、探究学习的网络教学平台或利用新形态教材等技术资源,拓展学习空间。
	B4.教学重点难点	B41.教学计划顺利实施,教学氛围良好,学生参与度高。
		B42.教学重点难点问题有效解决,合理应对课堂生成性问题。
	B5.诊断与考核	B51.利用信息技术收集学生学习过程信息,诊断发现问题并有效解决。
		B52.利用信息技术开展形式多样、主体多元的课堂考核。
	B6.学生发展	B61.教师引导学生开展自主探究、知识建构以及培养学生创新思维能力情况。
		B62.学生领悟并掌握基本知识,对知识进行应用、分析、综合与评价等情况。
		B63.学生得到个性化指导,个性化学习策略和个性品质方面培养情况。
		B64.学生合作学习、师生、生生互动以及符合社会规则的情感态度价值观培养情况。
C.课后延伸	C1.课后教学活动	C11.活动安排的合理性及活动的完成情况。
		C12.课后师生沟通以及教师辅导的可获得性情况。
	C2.学生评课	C21.对知识掌握情况的自我评价。
		C22.对教师课堂教学的整体满意度。
		C23.对自主探究与合作学习的自我评价。
	C3.教学反思	C31.教师对教学设计实施情况的自我评价。
		C32.教师对使用信息技术完成任务解决问题的自我评价。
		C33.教师对教学中存在问题的觉知与改进分析。

2.评价指标体系的构建

在专家咨询的基础上,结合两两比较法与课堂教学实际,对上述评价指标体系配以权重,具体如下(表2-19)。

表 2-19 信息技术深度融入课堂教学有效性评价体系

教学阶段（权重）	评价领域	主要观测点	权重
A.课前准备(0.1)	A1.教学设计	A11.教学目标明确具体、重点突出,内容与目标相契合。	0.02
		A12.教学环节构思得当,方法手段设计恰当,教学考核考虑周全。	0.02
		A13.教学活动设计切合教学目标,应用信息技术预想合理。	0.01
		A14.教育思想与教学理念先进,遵循学生认知规律和教学实际。	0.02
	A2.课前教学活动	A21.任务布置的合理性及完成情况。	0.01
		A22.课前师生沟通及教师辅导的可获得性情况。	0.02
B.课堂教学(0.7)	B1.师生角色	B11.学生主体地位体现情况。	0.04
		B12.教师组织、引导、促进等主导角色的实现程度。	0.05
	B2.师生信息素养	B21.教师主动探索应用信息技术优化课堂、变革学习方式的意识。	0.03
		B22.教师了解常用软、硬件信息技术对教学的支撑作用并能熟练、恰当、合理、有效应用。	0.04
		B23.学生利用信息技术解决学习问题的自觉性与实效性。	0.03
		B24.学生具备信息道德与信息安全意识,具有良好的行为习惯。	0.02
	B3.教学资源	B31.教学资源的选择与应用合理、有效。	0.04
		B32.探索使用支持学生自主、合作、探究学习的网络教学平台或利用新形态教材等技术资源,拓展学习空间。	0.05

续　表

教学阶段（权重）	评价领域	主要观测点	权重
B.课堂教学(0.7)	B4.教学重点难点	B41.教学计划顺利实施,教学氛围良好,学生参与度高。	0.05
		B42.教学重点难点问题有效解决,合理应对课堂生成性问题。	0.05
	B5.诊断与考核	B51.利用信息技术收集学生学习过程信息,诊断发现问题并有效解决。	0.04
		B52.利用信息技术开展形式多样、主体多元的课堂考核。	0.06
	B6.学生发展	B61.教师引导学生开展自主探究、知识建构以及培养学生创新思维能力情况。	0.05
		B62.学生领悟并掌握基本知识,对知识进行应用、分析、综合与评价等情况。	0.05
		B63.学生得到个性化指导,个性化学习策略和个性品质方面培养情况。	0.04
		B64.学生合作学习、师生、生生互动以及符合社会规则的情感态度价值观培养情况。	0.06
C.课后延伸(0.2)	C1.课后教学活动	C11.活动安排的合理性及活动的完成情况。	0.01
		C12.课后师生沟通以及教师辅导的可获得性情况。	0.02
	C2.学生评课	C21.对知识掌握情况的自我评价。	0.04
		C22.对教师课堂教学的整体满意度。	0.04
		C23.对自主探究与合作学习的自我评价。	0.02
	C3.教学反思	C31.教师对教学设计实施情况的自我评价。	0.03
		C32.教师对使用信息技术完成任务解决问题的自我评价。	0.02
		C33.教师对教学中存在问题的觉知与改进分析。	0.02

　　针对上述评价体系,在此需要说明:其一,在教学阶段的课前准备与课后延伸中,课前教学活动和课后教学活动,特别是课后,并不是每堂课都有安排,也不是一定要有,可依教师对教学内容及应用信息技术的预设情况进行取舍;其二,关于评价内容,在课前准备与课后延伸上,主要依师生完成的

教学任务确定指标，而在课堂教学中，以内在价值诉求为主，兼顾外在结构形态，表里结合，这样有利于评价者紧扣评价目的，也能给被评价者以明确的行为导向，促进信息技术深度融入课堂教学；其三，整个体系应用于实践还有必要作进一步细化与完善。

该评价体系评价主体主要为教学管理者、教学督导人员等，评价对象主要为教师（或者说是教师开展的课堂教学），评价旨在形成一种积极导向——倡导一种信息技术有效应用的全新教学理念，以促进教学改革、提高教育质量。需要说明的是，如上文研究所述，影响或决定信息技术深度融入课堂教学有效性的因素包括外部因素和内部因素，此处着重考评内部因素，诸如学校软硬件条件、教师培训、学校政策机制等外部条件未予考虑。作这样的设计，只是因为本章旨在考察同一环境条件下教师应用信息技术深度融入课堂教学的有效性，是在同等条件下的内部比较，更倾向于一定范围内的应用。

第三章　教学督导与质量保证

新中国成立以来,随着教育规模的不断扩大以及人们对教育需求的不断提高,教育督导日益加强。1986年9月,根据中央的指示精神和教育事业发展的需要,国家教委正式建立了督导司,负责对全国教育工作进行督导。1991年5月,又以国家教委主任令的形式颁布了《教育督导暂行条例》,使教育督导法制化。20世纪90年代以来,全国各高校为强化教学管理、规范教学过程、推进教学改革、提高教师素质和教学质量,陆续在教学工作中引进了高校教学督导制度并成立了督导机构。2015年,教育部办公厅和职业教育与成人教育司相继发布了《关于建立职业院校教学工作诊断与改进制度的通知》和《高等职业院校内部质量保证体系诊断与改进指导方案(试行)》;2020年,中共中央办公厅、国务院办公厅印发了《关于深化新时代教育督导体制机制改革的意见》;同年,中共中央、国务院印发了《深化新时代教育评价改革总体方案》。这些文件极大地促进了内部质量保证体系相关理论的研究与实践探索,也推动了院校教学督导与评价的进一步改革。

一、教学督导与质量保证理论研究

(一)高校教学质量保证与评价体系研究

开展高校教学督导,其根本目标在于通过对高校教学及其管理工作的监督、指导来确保并提高学校的教学质量,从而提升高校人才培养工作的效率与效益。因此,教学质量就成为当前高校教学督导关注的焦点。然而,教学质量的影响因素极为复杂,许多研究者将诸多复杂因素根据办学实际以及办学行为的不同性质分类,构建了一套较为全面的质量保证体系,这一体系,就成为各高校教学质量工作的指导与思路。关于高校教学质量保证或监控体系的学术研究成果极为丰富。

鲍思深等认为,高校教学质量保证体系包括组织保证、思想政治保证、师资队伍保证、教学条件保证、教学建设保证以及教学管理保证等①。具体见图 3-1：

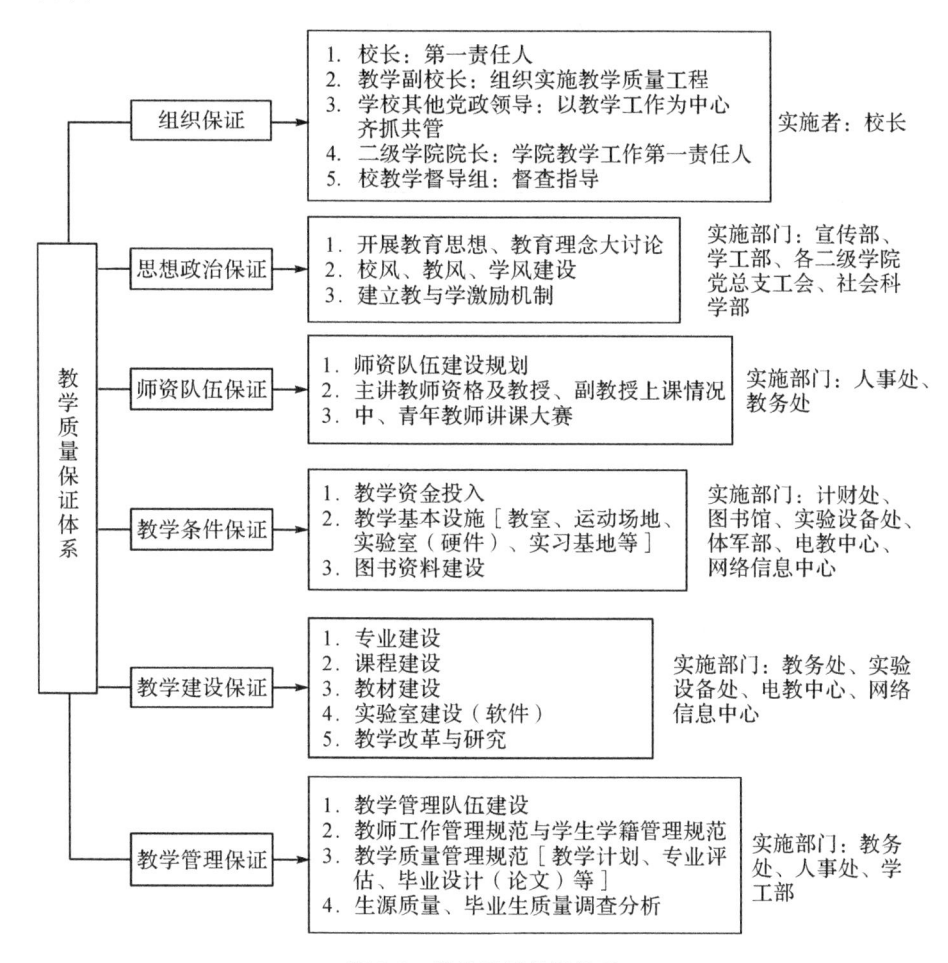

图 3-1 教学质量保证体系

教学质量保证体系		
组织保证	1. 校长：第一责任人 2. 教学副校长：组织实施教学质量工程 3. 学校其他党政领导：以教学工作为中心齐抓共管 4. 二级学院院长：学院教学工作第一责任人 5. 校教学督导组：督查指导	实施者：校长
思想政治保证	1. 开展教育思想、教育理念大讨论 2. 校风、教风、学风建设 3. 建立教与学激励机制	实施部门：宣传部、学工部、各二级学院党总支工会、社会科学部
师资队伍保证	1. 师资队伍建设规划 2. 主讲教师资格及教授、副教授上课情况 3. 中、青年教师讲课大赛	实施部门：人事处、教务处
教学条件保证	1. 教学资金投入 2. 教学基本设施[教室、运动场地、实验室（硬件）、实习基地等] 3. 图书资料建设	实施部门：计财处、图书馆、实验设备处、体军部、电教中心、网络信息中心
教学建设保证	1. 专业建设 2. 课程建设 3. 教材建设 4. 实验室建设（软件） 5. 教学改革与研究	实施部门：教务处、实验设备处、电教中心、网络信息中心
教学管理保证	1. 教学管理队伍建设 2. 教师工作管理规范与学生学籍管理规范 3. 教学质量管理规范[教学计划、专业评估、毕业设计（论文）等] 4. 生源质量、毕业生质量调查分析	实施部门：教务处、人事处、学工部

图 3-1 教学质量保证体系

戴启昌认为，教学质量监控与评价体系包括五个子系统：教学质量管理理念系统、教学质量管理文件系统、教学质量管理组织系统、教学质量管理流程系统、教学质量管理评估系统。其中教学质量管理组织系统包括教学质量目标值、教学管理标准化、教学运行组织链、教学流程管理点、教学监控信息网。教学质量管理评估系统包括系部教学工作评估方案、专业评估方

---

① 鲍思深.等.高校教学督导的体系和实践[J].高等工程教育研究，2004(6)：15-18.

案、课程评估方案、课堂教学质量评估方案、毕业综合实训评估方案和教材建设评估方案。为此,教学管理上需要建立教学质量手册、教学运行程序、教学监控点和教学评估指标体系;围绕影响教学质量的重要环节和关键要素,选择若干监测点,实时监测并做出围绕影响教学质量的重要环节和关键要素的数据统计和质量记录。表3-1为质量监测体系。[①]

表 3-1 高职教学质量监测体系

监测点	监测要素	各监测设计的内涵要求	相关职能部门	监测步骤
教学输入质量	专业定位	专业定位准确、发展思路清晰、正确,专业有特色,教学中心地位明确;有完整的规划和发展目标	教务处	1. 各相关部门根据本部门的职责要求和监测点设计的内涵要求,确定本部门承担的相应监测点; 2. 明确监测周期及相应监测时间; 3. 定期汇总相关数据并填写质量监测记录。
	管理制度	管理制度科学、健全,教学文件齐全、规范;教师业务档案完整、规范	各相关职能部门及各系部	
	师资队伍	学历、职称、学缘、年龄结构状况;师资队伍建设落实情况	办公室、教务处、各系部	
	*专业建设	专业调研;专业委员会建设状况;人才培养方案优化;校外实训基地建设	教务处、教学实习办公室及各系部	
	生源质量	新生入学总评分及分科均分(与同层次院校比较);新生综合素质测试	教务处、学工处	
	财务收入	教学经费、图书资料、仪器设备等教学设施及教学环境状况	财务处、教务处	
教学运行质量	教学计划	严格执行教学计划,确需变动,要履行相关手续	教务处及各系部	
	*课程教学与实践教学	备、教、批、辅、考等环节的质量要求,实践教学有计划,注重技能培养	教务处、教学督导组	
	*教学检查与教学测评	日常检查与阶段性检查,遵守教学工作规范,减少教学事故;教学测评学生满意度高	教务处、教学督导组	
	*考试与考查	考试考查的组织与实施;考试考查标准的控制;考试考查方式的改革	教务处及各系部	

---

① 戴启昌.高职教学质量监控与评价体系的建立[J].职业技术教育,2007(26):66-67.

续 表

监测点	监测要素	各监测设计的内涵要求	相关职能部门	监测步骤
教学运行质量	学生学习质量	统考成绩分析,学生学习状况分析;窗口课程考试合格率;学生竞赛成绩	教务处	
	毕业实习与毕业设计	学生顺利进入企业实习,并按毕业实习规范进行管理,按毕业设计(论文)工作规范要求完成任务	教务处、教学实习办公室	
	职业资格取证	职业资格取证率、第二证开发率	教务处、鉴培中心	
	教风状况	教师教学积极性及精力投入状况,开展教学研究状况	教务处、工会	
	*学风状况	学习风气、动机、学风建设及调动学生积极性的政策措施,上课出勤率及第二课堂开展状况	学工处、团委	
	服务状况	教职工、学生对服务状况的满意度	工会、学工处	
教学输出质量	学生综合素质	学生学业、品德、学习能力、心理素质、科研能力、奖励、健康状况、个人发展等方面	学工处及各系部	
	*学生毕业状况	学生毕业率、就业率、一次就业状况	教务处、招生与就业处	
	用人单位评价	对学生各方面的综合评价	招生与就业处	
	科研成果	教师科学研究、获奖成果	教务处	

注:带*标识的为重点监测环节和关键要素,其相应监测点的数据和质量监测记录,学校教学质量评价委员会要重点考察。

教学质量工作是一个涉及院校办学全过程、全方位的系统工程。各高校根据这一系统中各行为的性质和特点将其归纳为教学质量保证或监控体系,以便明确教学质量工作的重点、方向和思路。可以说,高校教学质量保证与监控体系的构建、健全及运行,直接影响着高校教学质量与水平。因此,高校教学质量保证与监控体系的构建、健全、运行等应成为高校教学督导的重要内容。

高校教学质量保证与监控体系的督导,旨在通过监督与指导,使各高校建立起科学、合理、完善的教学质量保证与监控体系,并将这一体系切实运行于实践中的教学全程,从而确保最基本的教学质量并通过监控不断提高教学质量。

高校教学督导与质量保证监控体系是相互渗透、相互促进的关系,质量保证与监控体系中应含有对教学督导工作的考察,督导工作中又包括对教学质量保证与监控体系的考察。高校质量保证与监控体系的督导就为上一级对下一级教学单位自身的教学督导工作进行督导。

高校教学质量保证与监控体系的督导首先要关注高校是否建立这一体系,其完善程度如何,是否在实践中实施。其次,从保证和监控两个大的方面入手。保证主要从人力保证、财物保证和制度保证三个方面开展。人力涉及领导、管理人员和教职工,主要考察他们的资格、结构、一定时期内的发展值等;财物主要考察投入教学的资金、教学所需要的设备设施、图书、实验实训室等;制度主要考察其健全程度、协调人事关系、规范约束激励等能力。质量监控主要从教学全过程中选择部分关键环节予以考量,旨在及时发现问题,通过反馈及纠偏使教学工作得以更有效地开展。监控应关注专业与课程建设质量、课堂教学质量、教师教学能力与水平、学生学业成绩和毕业设计质量等方面。

(二)高校教学督导内容研究

在有关高校教学督导的许多议题中,对督导内容的研究缺乏专门的论述,多散见于其他理论论述之中,研究者根据督导相关理论,结合高校实际,各自提出了在督导内容上的见解。

傅昌德把教学督导工作的基本内容分为对教师教育教学的督导("督教")、对教学管理(含教学服务)部门和管理人员的督导("督管")、对学生学习的督导("督学")三个方面。按照教育部提出的在办学过程中以教师为主体、教学活动中以学生为主体的指导思想,在教学质量督导中必须遵循以督教为主导、以督管为保障、以督学为目的,三者相互支撑且紧密结合的原则,形成督教、督学、督管"三督一体全方位"教学督导模式,从而实现教学质量督导的全程性、全方位性,提高教学质量和人才培养质量。[①]

刘泽军认为,按照督导内容的构成,可以将督导指标体系分为督教、督学、督管三个方面,即三个一级指标。其中督教是督导指标体系中的主要部分,是督导的核心指标,督教下面可分教学准备、教学过程、教学结果三个二级指标。督学的二级指标包括学习思想状态、学习环境、学习方法、学习效果等。院级教学督导部门应当与一线教师一起协商学生督导的具体指标体系,特别要突出实践教学的学习督导。督管是对教学管理部门的课程安排、

---

① 傅昌德.高校教学督导的理论与实践探索[J].广西师范学院学报(哲学社会科学版),2008(10):51-55.

教学组织、教学信息管理等进行检查,具体如课程时间、课程比例、教材选择、教学任务、队伍管理、学籍、成绩等教学信息的设计和管理情况等。[①]

高校教学督导工作涉及教学工作的方方面面,总体上看,从督导的性质与目的的不同,可将教学督导分为常规督导和专项督导。常规督导主要依据一般教学理论与实践开展,旨在确保正常的教学秩序,确保基本教学质量,了解情况,发现问题。专项督导则依据学校教学工作重点,围绕教学过程中的某一项内容开展,如专业建设、课堂教学效果、学生学习风气等。专项督导旨在改善教学过程中的某一环节或解决突出问题,以此推动教学质量提高。常规教学督导中的部分内容可因其重要性或问题性而转入专项督导。

常规教学督导又可依据督导对象及内容的差异,分为督教、督学和督管。督教的对象主要为教师及其教学,内容主要是教师及其开展教学工作的系统过程与内容,包括教学设计、教案与课件的准备、教学态度、课堂管理、教学方式方法、学生考核评价、试卷分析、毕业设计、实践教学等。督学的对象主要是学生和学习,涉及的内容主要是学生的学习环境与氛围、学习态度与积极性、学习方法、课外活动等。督管的对象是管理人员及其管理工作,包括课程安排、教学组织及运行、教学信息管理、教学督导、教学制度、教学资源配置等,关注管理的有效性与合理性及管理人员的素质与能力。

教学督导还有一类工作内容,即教学督导机构为所隶属的教学领导或机构提供问题与反馈、咨询与建议、研究与决策。教学督导部门作为非行政管理部门,在教学决策与咨询上为教学行政部门提供极有价值的参考,如专业课程建设的方法、思路与重点,教师考核评价标准,教学改革重点与内容等。这些咨询与建议,在学校制定教学相关规章、明确教学改革内容、途径与方向、促进教学质量提升上承担着不可替代的作用。实际上,教学督导是一种学术领导。

在教学督导方式方法上,为了使督导工作更为有效、更切合实际,现场察看指导、调查问卷、座谈访谈等应成为常用的方法,以此确保指导的针对性与合理性。

(三)分级督导及其内容研究

随着高校办学规模的扩大,教学督导的工作量与难度都明显增大,建立校、院(系)两级教学督导体系来分级督导成为必然的选择。各二级学院

---

① 刘泽军.高等职业院校教学督导体系研究[D].石家庄:河北师范大学,2009.

（系）积极组建二级督导小组，围绕二级学院的教学与管理开展督导工作。

郑有根认为，校级教学督导团执行全校的教学督察、评估、指导职能，二级学院教学督导组执行本院（系）的教学督察、考核、培养职能。在教学状况监控方面，二级学院督导小组面向本单位教师或为本单位学生开课的其他院系教师。校督导团与二级督导小组联系密切，相互交流督导工作经验。校督导团各小组根据对口联系的原则，注重与所联系二级学院的督导小组的沟通和交流，主动与二级督导小组成员、二级学院主管教学的负责人就如何加强二级督导小组内部建设和教学质量监控进行研讨。校督导团努力加强对二级督导小组工作的宏观指导，加强与二级督导小组的工作沟通和协调，建立定期联系和经验交流制度，努力促进二级督导小组在专业主干课和专业选修课等方面的跟踪听课、指导教师执行教学工作规范、督促二级教学单位强化教学管理等方面日常督导工作的开展。学校教学督导工作的重心应逐步从校级督导转向二级学院的全程、全方位的教学督导。①

高校教学督导的主要职能可以概括为以下三方面。建言献策，督导人员对所掌握的信息分析研究后，提出改进工作的意见和建议，供领导决策参考。监督指导，对教学方案、教学内容、课堂和实践教学效果等进行监督；对教学经验相对不足的青年教师，帮助和指导他们发挥潜能，激励和引导他们尽快成长。教学评估，由教学督导人员依据有关的标准，对多种教育教学项目进行评估并进行相对的量化，如课堂教学评估、教师教学基本功竞赛评判等。

院级教学督导工作由于特定的工作范围，与校级的教学督导相比，其工作内容也有自身的几个特点。院级教学督导行为属于本学科本专业的专家层面，建言献策更深化；院级教学督导行为属于本学科的同行层面，监督指导更具体。院级教学督导主要是通过深入课堂教学、实验教学、实习设计等环节进行评议督促，对教师的教学活动给予指导和建议；院级教学督导行为属于本学科的非官方层面，评估意见更客观。实事求是地对教师的教学质量做出客观评价，是一个十分敏感、十分困难、十分复杂的问题。院级教学督导人员对教师教学质量的评价，在保证客观性上有得天独厚的优势：他们属于非官方层面，比较超脱；他们在教师中有较高的威信，对教师的评价令人信服；他们对教师了解较为全面，可以保证更客观地对教师的教学工作进行评估量化。

总之，只有不同层级的督导机构围绕高校教学质量开展不同层次的督

---

① 郑有根.高校教学督导的思考与实践[J].煤炭高等教育，2011(1)：42-44.

导，高校教学质量才有保证。在一个地区范围内，建立市、校和院三级教学督导，是我国当前高校教学督导的发展趋势。三级教学督导的组织构成、督导范围及督导职责不同，督导重点及督导内容也有所侧重。市级督导更多是宏观层面的，在体制机制的构建与完善、各高校教学管理等方面对高校加强监督指导与评价，结合市局工作重点，根据各高校工作计划，有选择地重点开展督导，有效监控教学质量。校级督导主要是对各二级学院开展全面、系统的教学督导，围绕学校中心工作，开展有针对性的专项督导，有效开展日常督导，侧重点为二级学院的教学管理及教师的教，即督管和督教。院级督导侧重点为学生的学，即督学，主要从提升学的质量角度确保教学质量，包括学习态度、学风、学习环境、学习方法、学业成绩等，同时兼顾督教。

市级督导内容体系，主要包括以下三方面：①质量保证体系及机制形成上的督导，其目标主要在于促进各高校形成良好的教学质量保证体系；②常规性的关键点上的督导，如听课、学生的毕业设计等，其目标在于发现问题，及时控制；③市局专项重点工作的督导，旨在促进市局重点工作顺利、有效地实施。

院级教学督导由于有其先天的优势，在实现有效督导上更能发挥作用。相对校级督导，院级督导更专业、更具体，从而也更有针对性，而且其更接近教师和学生，在督导上也更有效。院校督导除了对学生开展日常或专项督导外，还必须通过调研、座谈会、现场观摩等形式加强专业课程建设督导、实践教学督导、教学全过程督导、教学效果督导等。

二、教学督导与质量保证实践探索

从实践的角度考察已执行的教学督导与质量保证行为，是提升认识的重要方面。以下从政策文件和实践实施两个领域作进一步探讨。

（一）高校教学质量保证相关政策文件

促进国家重要教育政策的实施，是教育督导的重要功能之一。当前，纵观我国有关高等教育的国家政策，其中有许多地方涉及高校教学质量和教学督导的内容。厘清这些内容，能为开展高校教学督导在内容上提供有力的政策依据。

1999年，教育部印发了《关于加强教育督导与评估工作的意见》，对加强教育督导与评估工作的重要性、教育督导与评估工作的性质、督导机构的职责、教育督导与评估制度建设,以及如何加强和改善教育督导与评估工作的领导,充分发挥督学的作用等提出了指导性意见。

2000年,教育部《关于加强高职高专教育人才培养工作的意见》的附件《高等专科学校、高等职业学校和成人高等学校教学管理要点》,详细说明了高职高专类院校教学管理工作的要点,重点包括以下内容:教学管理组织系统、教学计划管理、教学运行管理、师资队伍管理、教学基本建设管理、教学管理与教育理论研究。

2015年,教育部办公厅发布了《关于建立职业院校教学工作诊断与改进制度的通知》,决定在全国职业院校推进建立教学工作诊断与改进制度,促进院校根据自身办学理念、办学定位、人才培养目标,聚焦专业设置与条件、教师队伍与建设、课程体系与改革、课堂教学与实践、学校管理与制度、校企合作与创新、质量监控与成效等人才培养工作要素,查找不足并完善提高。

同年,教育部职业教育与成人教育司印发了《高等职业院校内部质量保证体系诊断与改进指导方案(试行)》。该方案旨在促进高职院校在建立教学工作诊断与改进制度基础上,构建网络化、全覆盖、具有较强预警功能和激励作用的内部质量保证体系,实现教学管理水平和人才培养质量的持续提升。该方案确定的其中一项重要任务即完善高职院校内部质量保证体系,即通过诊断与改进,促使高职院校在学校、专业、课程、教师、学生不同层面建立起完整且相对独立的自我质量保证机制,强化学校各层级管理系统间的质量依存关系,形成全要素网络化的内部质量保证体系。

2020年,中共中央办公厅、国务院办公厅印发的《关于深化新时代教育督导体制机制改革的意见》,对我国教育督导的管理体制、运行机制、问责机制以及保障机制等作了明确规定,包括督政和督学内容。督政重点督导评价党中央、国务院重大教育决策的部署落实情况,主要包括办学标准执行、教育投入落实和经费管理、教师编制待遇、教育扶贫和重大教育工程项目实施等情况。对学校开展经常性督导,引导学校办出特色、办出水平,促进学生德智体美劳全面发展。重点督导学校落实立德树人情况,主要包括学校党建及党建带团建队建、教育教学、科学研究、师德师风、资源配置、教育收费、安全稳定等情况。指导学校建立自我督导体系,优化学校内部治理。

教育督导包括督政与督学:督政即监督下级政府落实教育政策、加大教育投入、规范办教行为等;督学即对学校开展的督导,包括办学条件、教育教学工作等内容。由此可见,督导本质上含有督促国家教育政策贯彻执行之功能。而指导高校教育教学工作的政策文件,同样需要上级相关部门督导落实,通过教学督导,促进各高校落实相关教学政策及高校管理相关文件规定。这是将教学政策文件规定纳入教学督导内容的原因之一。

再者,国家及教育主管部门出台的各类教育教学政策文件,不仅仅为各高校开展学校管理、开展教育教学工作提供了法理依据。这些政策文件都是来自实践经验的总结,经过专家学者反复论证,具有一定的合理性与科学性,因此,又为高校开展教育教学工作提供了科学依据。

从上面提及的相关教学政策文件中,不难发现,围绕教学质量工程开展的重点工作内容主要如下:教学计划制定与实施、教学运行控制与管理、教学质量管控与评价,以及学科、专业、课程、教材、实验实训室、校内外实践教学基地、校风学风、教师队伍、教学管理制度等教学相关过程与节点的建设,此外还包括图书情报系统、后勤服务系统、卫生保健系统等。

高职院校作为高校的重要类别,由于其与普通高校的差异,相关政策文件作了特别规定。从上面可以看到,高职院校质量工作重点在于:学生的素质教育、学生的专业技能、专业与课程的改革与建设、工学结合校企合作模式建设、实训基地建设、"双师"教学团队建设、教学质量保证体系等。以下六个方面则是高职高专院校教学管理工作的重点:一、教学管理人事组织框架;二、教学计划制定与实施;三、教学运行管理;四、师资队伍管理;五、教学基本建设管理;六、教学管理与教育理论研究等。

(二)高校教学质量评价体系例析

为了确保高校教学质量,校外教育行政主管部门通过评估常规性地开展高校教学工作的监督、指导与评价工作。2004 年,教育部公布了《普通高等学校本科教学工作水平评估方案(试行)》,表 3-2 为该评估指标体系。

表 3-2　普通高等学校本科教学工作水平评估指标体系

一级指标	二级指标	主要观测点
办学指导思想	1.1 学校定位	学校的定位与规划
	1.2 办学思路	教育思想观念 教学中心地位
师资队伍	2.1 师资队伍数量与结构	生师比 整体结构状态与发展趋势 专任教师中具有硕士学位、博士学位的比例
	2.2 主讲教师	主讲教师资格 教授、副教授上课情况 教学水平

续　表

一级指标	二级指标	主要观测点
教学条件与利用	3.1 教学基本设施	校舍状况 实验室、实习基地状况 图书馆状况 校园网建设状况 运动场及体育设施
	3.2 教学经费	四项经费占学费收入的比例 生均四项经费增长情况
专业建设与教学改革	4.1 专业	专业结构与布局 培养方案
	4.2 课程	教学内容与课程体系改革 教材建设与选用 教学方法与手段改革 双语教学
	4.3	实践教学 实习和实训 实践教学内容与体系 综合性、设计性实验 实验室开放
教学管理	5.1 管理队伍	结构与素质 教学管理及其改革的研究与实践成果
	5.2 质量控制	教学规章制度的建设与执行 各主要教学环节的质量标准 教学质量监控
学风	6.1 教师风范	教师的师德修养和敬业精神
	6.2 学习风气	学生遵守校纪校规的情况 学风建设和调动学生学习积极性的措施与效果 课外科技文化活动
教学效果	7.1 基本理论与基本技能	学生基本理论与基本技能的实际水平 学生的创新精神与实践能力
	7.2 毕业论文或毕业设计	选题的性质、难度、分量、综合训练等情况 论文或设计质量
	7.3 思想道德修养	学生思想道德素养与文化、心理素质
	7.4 体育	体育

续 表

一级指标	二级指标	主要观测点
教学效果	7.5 社会声誉	生源 社会评价
	7.6 就业	就业情况
特色项目		特色是指在长期办学过程中积淀形成的、本校特有的、优于其他学校的独特优质风貌。特色应当对优化人才培养过程，提高教学质量作用大、效果显著。特色有一定的稳定性并应在社会上有一定影响、得到公认。特色可体现在不同方面：如治学方略、办学观念、办学思路；科学先进的教学管理制度、运行机制；教育模式、人才特点；课程体系、教学方法以及解决教改中的重点问题等方面。

资料来源：教育部办公厅. 普通高等学校本科教学工作水平评估方案（试行）[EB/OL]. http://www.moe.gov.cn/srcsite/A08/s7056/200408/t20040818_148778.html. 2004-08-18.

同样，依据《关于全面提高高等职业教育教学质量的若干意见》，高等职业院校人才培养工作评估指标体系面世，详见表 3-3。

表 3-3　高等职业院校人才培养工作评估指标体系

主要评估指标	关键评估要素	说　明
1. 领导作用	1.1 学校事业发展规划	学校事业发展规划应符合区域经济发展规划。
	1.2 办学目标与定位	全日制普通高职办学规模适宜、稳定；短期培训种类、规模逐步增加；全日制中职、"三校生"单招、"五年一贯制"、"3+2"招生、专升本学生、成人高职学历教育学生规模逐渐减少，比例未超过国家规定的上限要求；未举办委托全日制或各类成人本科（含专升本）教育，未组织在校高职生参加各类成人专升本学历教育。
	1.3 对人才培养重视程度	重视对人才培养的投入；关心师生工作、学习和生活状况；重视与区域社会及产业的合作育人。
	1.4 校园稳定	符合《平安校园》的各项规定。
2. 师资队伍	2.1 专任教师	基础课专任教师注重学历、职称提高；专业课专任教师强调技能水平提高及增加企业一线工作经历。
	2.2 兼职教师	从行业、企业聘请技术能手，承担实践技能课程的比例逐渐提高，并注重对他们教学能力的培训。

续 表

主要评估指标	关键评估要素	说 明
3.课程建设	3.1 课程内容	根据技术领域和职业岗位(群)的任职要求,参照相关的职业资格标准,设置课程体系和选择教学内容。
	3.2 教学方法手段	能有效设计"教、学、做"为一体的情境教学方法;教学手段灵活多样,能有效应用现代信息技术进行模拟教学;考核方式灵活、恰当。
	3.3 主讲教师	基础性课程以具有专业背景的校内专任教师主讲为主;实践性课程主要由企业、行业技术技能骨干担任的校外兼职教师讲授为主。
	3.4 教学资料	选用优秀新版教材;与行业企业合作开发实训教材;教辅资料充足,手段先进。
4.实践教学	4.1 顶岗实习	顶岗实习覆盖率高;顶岗实习时间原则上不少于半年。
	4.2 实践教学课程体系设计	实践教学作为专业教学的重要核心环节,纳入课程体系的整体设置中,理论教学应与实训、实习密切联系,实践类课时占总教学时间的50%以上;行业、企业参与教学方案设计。
	4.3 教学管理	校内实训、校外实习、顶岗实习管理制度建设完善;安排有专职校内实训、校外实习指导教师和政治辅导员。
	4.4 实践教学条件	校内实训基地和校外实习基地条件能够满足教学计划的安排,实践教学经费有保障;行业、企业参与实践教学条件建设。
	4.5 双证书获取	有相应职业资格证书专业的毕业生获取"双证书"的人数达到毕业生的80%以上。
5.特色专业建设	5.1 特色	从建设目标、培养模式、课程体系与教学内容、实践教学、教学设计与教学方法、师资队伍、社会服务等方面体现出的特色。
6.教学管理	6.1 管理规范	教学管理制度完备、规范,教学运行平稳有序。
	6.2 学生管理	学生管理队伍结构合理,制度健全,校园文化良好。
	6.3 质量监控	多元化质量监控制度建设完善、机制运行与效果良好。
7.社会评价	7.1 生源	第一志愿上线率与报到率高。
	7.2 就业	就业率高。
	7.3 社会服务	学校社会技能培训、服务等开展良好,社会回报高。

资料来源:教育部.关于印发《高等职业院校人才培养工作评估方案》的通知[EB/OL]. http://www.moe.gov.cn/srcsite/A07/moe_737/s3876_qt/200804/t20080403_110098.html. 2008-04-03.

2015年，教育部职业教育与成人教育司印发的《高等职业院校内部质量保证体系诊断与改进指导方案(试行)》，附上了高职院校内部质量保证体系诊断评价体系，详见表3-4。

表3-4 高职院校内部质量保证体系诊断项目参考表

诊断项目	诊断要素	诊断点	影响因素参考提示
1 体系总体构架	1.1 质量保证理念	质量目标与定位	学校发展目标定位是否科学明确；人才培养目标、规格是否符合区域经济和社会发展要求，是否符合学生全面发展要求；质量保证目标与学校发展目标、人才培养目标一致性、达成度。
		质量保证规划	质量保证体系建设规划是否科学明晰、符合实际且具有可操作性；实际执行效果是否明显。
		质量文化建设	师生质量意识，对学校质量理念的认同度；质量保证全员参与程度；质量文化氛围；持续改进质量的制度设计是否科学有效，是否实现持续改进。
	1.2 组织构架	质量保证机构与分工	学校、院系各层面质量保证机构、岗位设置是否科学合理，分工与职责权限是否明确。
		质量保证队伍	质量保证队伍建设是否符合质量保证体系建设规划要求；人员配备是否符合岗位职责要求；对质量保证机构、人员是否有考核标准与考核制度；考核机制是否严格规范，能否实现持续改进。
	1.3 制度构架	质量保证制度	学校、院系、专业、课程、教师、学生层面的质量保证制度是否具有系统性、完整性与可操作性。
		执行与改进	质量保证制度落实情况与改进措施是否具体务实；质量保证制度是否不断改进和完善；是否定期发布质量年度报告，质量年度报告结构是否规范、数据是否准确；院(系)、专业自我诊改是否已成常态。
	1.4 信息系统	信息采集与管理	是否重视高职院校人才培养工作状态数据采集与管理平台建设；人财物是否有保障，管理是否到位，运行是否良好；是否建立信息采集与平台管理工作制度，数据采集是否实时、准确、完整。
		信息应用	是否运用平台进行日常管理和教学质量过程监控，各级用户是否定期开展数据分析，形成常态化的信息反馈诊断分析与改进机制。

续 表

诊断项目	诊断要素	诊断点	影响因素参考提示
2 专业质量保证	2.1 专业建设规划	规划制定与实施	专业建设规划是否符合学校发展实际,是否可行;规划实施情况如何,专业结构是否不断优化。
		目标与标准	有无明确的专业建设目标和标准;专业人才培养方案是否规范、科学、先进并不断优化。
		条件保障	新增专业设置程序是否规范;专业建设条件(经费、师资、实验实训条件)是否有明确的保障措施。
	2.2 专业诊改	诊改制度与运行	学校内部是否建立常态化的专业诊改机制;是否能够促成校内专业设置随产业发展动态调整。
		诊改效果	诊改成效如何,人才培养质量是否不断提高;校企融合程度、专业服务社会能力是否不断提升;品牌(特色/重点)专业(群)建设成效、辐射影响力是否不断增强。
		外部诊断(评估)结论应用	是否积极参加外部专业诊断(或评估、认证);外部诊断(评估)结论是否得到有效应用,对学校自诊自改是否起到良好促进作用。
	2.3 课程质量保证	课程建设规划	课程建设规划是否科学合理;是否具有可行性与可操作性。
		目标与标准	课程建设规划目标达成度;课程标准是否具备科学性、先进性、规范性与完备性。
		诊改制度实施与效果	校内是否开展对课程建设水平和教学质量的诊改,形成常态化的课程质量保证机制;是否对提高课程建设水平和教学质量产生明显的推进作用。
3 师资质量保证	3.1 师资队伍建设规划	规划制定	学校、院系、专业等层面师资队伍建设规划的科学性、一致性和可行性;规划目标达成度。
		实施保障	是否能为师资建设规划目标的实现提供必需的外部环境、组织管理、资源支撑、经费等保障。
	3.2 师资建设诊改工作	诊改制度	是否制定专兼职教师、专业带头人与骨干教师聘用资格标准;是否开展对师资队伍建设成效的诊改,形成常态化的师资质量保证机制。
		实施效果	教师质量意识是否得到提升;教学改革主动性是否得到提高;师资队伍数量、结构、水平、稳定性、社会服务能力等是否得到持续改善;学生满意度是否得到持续提升。

续 表

诊断项目	诊断要素	诊断点	影响因素参考提示
4 学生全面发展保证	4.1 育人体系	育人规划	是否制定学生综合素质标准;学生素质教育方案制定是否科学,培养目标定位是否准确;是否因材施教,注重分类培养与分层教学;是否实施全员全过程全方位育人,加强创意、创新、创业教育。
		诊改制度	是否实施对育人部门工作及效果的诊改。
		实施与效果	育人工作是否已形成常态化诊改机制;育人目标达成度;学生自主学习能力、主动学习积极性、职业能力和创新创业能力是否得到提高。
	4.2 成长环境	安全与生活保障	是否实施对服务部门服务质量的诊改,并形成常态化安全与生活质量保证机制;学校安全设施是否不断完善;学生生活环境是否不断优化;学生诉求回应速度、学生满意度是否持续提高;意外事故率是否不断降低。
		特殊学生群体服务与资助	建立家庭困难学生、残障学生、少数民族学生等特殊学生生活保障管理运行机制情况;建立学生心理健康教育活动体系与运行管理机制情况;能否为特殊学生群体提供必要的设施、人员、资金、文化等保障。
5 体系运行效果	5.1 外部环境改进	政策环境	能否促进社会资源引入、共享渠道的拓展;政策环境是否利于学校的质量保证体系和人才培养质量持续改进与完善。
		资源环境	是否能够促进校内办学资源的不断优化;学校资源环境能否促进质量保证体系和人才培养质量持续改进与完善,改善学校的办学条件。
		合作发展环境	学校自主诊改机制是否有利于政校合作、校企合作、校校合作的不断优化;合作发展的成效与作用是否不断呈现。
	5.2 质量事故管控	管控制度	是否建立质量事故管控反馈机制,制定质量事故分类、分等的认定管理办法,对质量事故处理及时有效;是否建立学校、院系两级质量事故投诉受理机构,制定质量事故投诉、受理、反馈制度;是否定期开展质量事故自查自纠,形成质量事故管控常态化管理反馈机制。
		发生率及影响	学校质量事故的发生率、影响程度;处理安全事故、群体性事件的速度与能力;学校质量事故与投诉发生率是否逐年减少。

续　表

诊断项目	诊断要素	诊断点	影响因素参考提示
5 体系运行效果	5.2 质量事故管控	预警机制	是否建立过程信息监测分析机制与质量事故预警制度； 是否有突发性安全事故、群体性事件应对工作预案； 是否有近三年质量事故分析报告及其反馈处理效果报告；
	5.3 质量保证效果	规划体系建设及效果	各项规划是否完备、体系是否科学，实施是否顺利，目标达成度如何。
		标准体系建设及效果	专业、课程、师资、学生发展质量标准是否完备、先进、成体系；能否在诊改过程中不断调整优化；社会认可度如何。
		诊改机制建设及效果	内部质量保证体系是否日趋完备；持续改进的机制是否呈常态化并步入良性循环，人才培养质量是否得到持续提升。
	5.4 体系特色	学校质量保证体系特色	学校自身质量保证体系能否形成特色，应用效果好，并能发挥辐射与影响作用。

评价是发现问题、有效纠偏、改进工作从而实现控制的有效方式。评价还具有激励功能、导向功能等，能激发对象围绕一定目标积极开展工作。教学督导中除了监督与指导，应充分发挥评价机制的作用，通过评价实现有效指导，并达到监督与控制的目标。

教学督导工作涉及的评价既包括校外机构对高校教学工作的评价，也包括高校内部对各二级学院开展的教学评价。但从上述实践中的评价可以看到，不管是哪种评价，针对教学工作及其质量的评价所涉及的内容都包括办学思想、教师队伍建设、教学管理、专业课程建设、实践教学、教学效果及成果、学风、社会评价等重要方面。这种一致性反映了对教学重点工作的共识，能集全校之力围绕同一目标开展工作，提高效率。在对评价领域进行细化，或者说对评价指标进行再次分级时，必须坚持重要性，即提取重要的方面开展；坚持可比性，即提取的指标必须为评价对象都会涉及的内容；坚持可测性，即指标能被客观观测或等级量化。

（三）三级教学督导内容体系的构建

依据上述理论和实践层面的讨论，此处尝试构建市、校、院三级教学督导内容体系，以供实践参考。

1. 市级教学督导内容体系①

(1)市级教学督导的意义

建立地方高校市级教学督导机制,对于加强高校管理、推进高校整体发展、确保教学质量等具有积极意义。

第一,开展市级教学督导,有利于加强地方高校管理。随着高等教育的不断发展,特别是近年来高职教育规模的不断扩大,地方高校已由原来的一枝独秀发展为当前的百花齐放,经济发达地区更是如此。在这一背景下,加强地方高校的监督与管理,就成为地方政府及教育行政部门的重要职能。本着"谁投资谁管理"的原则,地方政府及社会也应该对地方高校进行不同形式的监督,以确保纳税人的钱花得其所。教学是高校的中心工作,是高校的生命线。因此,围绕教学对高校开展的监督与评价抓住了问题的关键。此外,开展市级教学督导能有效促进高校贯彻落实有关教学改革的政策文件,确保依法治校,提高教育教学质量。

第二,开展市级教学督导,有利于推进地方高校整体发展。实践表明,地方高校的蓬勃发展在没有外力的刺激或规约下往往呈现无序、盲目、无为以及坐等改革的平庸状态。因此,紧紧围绕教学质量开展的监督与评价,可以营造出一种无形的外在压力,促使高校摆脱平庸状态,不断努力,为地方经济建设与社会发展作出更大贡献。而且,在市级教学督导过程中,相关专家围绕高校教学开展的指导,无论在方法、策略上,还是具体的改革建设行为上,对高校教学及其管理都有极大的实用或参考价值,特别是通过督导活动,对市内外个别高校先进经验的传播与推广,有利于地方高校形成相互借鉴与探讨的学习氛围,从而推进高校的整体发展。

第三,开展市级教学督导,有利于形成有效的质量保证机制。当前高校内部建立的校、院二级教学督导机制已臻于完善,校级督导在确保全校教学工作正常运转、推进学校教学工作改革、提高教学质量上发挥了重要作用;院级督导则在提升课堂教学质量、促进教师专业成长、加强专业与课程建设等方面起着积极作用。然而,单纯的校内督导机制仍有其固有的诸多不足,如自行组织的督导是否规范、合理、合法性又如何,督导活动能否起到预期的作用等仍存疑虑。因此,校内教学督导亟需建立起与之呼应的校外教学监督机制,以便在更为宏观的层面上对高校教学质量及其工作进行监督、指

---

① 这部分内容笔者此前已有论述,可参见下文,收入本书时有改动。宁业勤.地方高校市级教学督导内容体系的构建[J].黑龙江教育(高教研究与评估),2014(2):61-62.

导和评价。唯有如此,上下连贯、内外呼应、完整有效的教学质量保证机制方可建成,并释放出更大效能。

(2)市级教学督导内容体系构建的思路

以教学质量为主线。美国著名管理大师朱兰的"质量三部曲"为本体系的构建提供了有益的借鉴。"质量三部曲"即质量计划、质量控制和质量改进:质量计划是对整个生产环节和过程从质量上预先把握;质量控制是选取影响质量的关键环节予以不定时监测,以便发现问题;质量改进即针对发现的问题或一个阶段后对有问题的质量行为进行改进。据此,市级教学督导宏观上可从教学质量保证、教学质量监控和教学质量改进三方面切入,作为教学督导内容体系的重要维度。

质量保证,由于理解的角度不同,其所指外延也有差异,可以说,所有的质量行为都属"保证"。此处的质量保证,主要是从环境和条件等方面为产生较高质量提供基本需要。因此,教学质量保证这一维度重点考察高校最基本的办学条件和环境等。教学质量监控不仅要关注高校自身的质量监控行为,而且,进行质量监控的市级教学督导还必须考察高校教学质量产生全程中的关键环节。教学质量改进主要关注高校围绕教学质量的提升所进行的教学建设与改革等相关内容。

以促进机制的形成为重点。组织犹如一个生命体,再强大的外来"刺激"都必须经过内在的运行机理发挥作用。因此,市级教学督导在考察个别环节与要素的同时,更应从宏观角度系统把握教学管理过程中形成的运行机制。从督导评价的时效性上看,实践中大多评价发挥作用的时间为评价前的准备期至评价结束,评价活动一旦结束,学校的一切行为立马恢复到评价前的状态。这种情况极大地损害了评价的功能。从这一角度看,侧重于学校教学及其管理工作的运行机制,将在更大程度上延长督导评价的时效,真正发挥监督指导对整个教学过程的辐射作用。

此外,关注高校教学运行机制,比起仅考察个别的静态要素更有意义,正所谓"授人以鱼不如授人以渔"。按照前述质量理论,考察高校教学运行机制重在关注教学质量保证机制、教学质量监控机制和教学质量改进机制三个方面,主要关注这些机制的建成及其完整性情况、运转与衔接情况以及运行效果等。

宏观把握,点面结合。作为对整个地方高校开展督导的第三方机构,必须处在一定高度宏观把握市域内高校的整体情况,从当前地方经济社会的发展来看待学校的发展,从学校人才培养特色来观照学校教学,正确评价学校教学工作。宏观把握还体现在对教学全程的系统关注上,应充分考虑教学过程的每个方面和每个环节。此外,宏观把握也要求教学督导从我国教育发展阶段及教育发展规律来看待地方高校的发展,只有切合教育规律,符合地方和学校发展实际,教学督导才能实现既定目标。当然,由于人力和时间的限制,实践中的教学督导不可能做到面面俱到。因此,督导中还必须精心选取教学质量产生过程的关键环节或决定性要素,以此作为"索引",深入分析学校教学情况实质,由表及里,点面结合。

(3)市级教学督导内容体系

根据前述研究,借鉴相关评价实践,笔者构建了市级教学督导内容体系,见表3-5。

表 3-5 市级教学督导内容体系

督导目标	督导项目	督导观测要点	观测依据
教学质量保证	教学质量保证体系	1.学校是否建有教学质量保证体系;2.保证体系是否完善;3.保证体系是否在实践中有效运行。(包括教学督导体系)	汇报、查看文件、座谈了解、现场查看
	办学思想	1.学校的定位与规划切合教育发展方向,符合区域经济社会发展需要;2.重视与区域社会及产业的合作育人;3.教学中心地位,重视对人才培养的投入。	汇报、查看文件
	教师队伍	1.生师比;2.教师职称结构;3.专任教师中硕士、博士占比;4.专业教师实践能力与水平;5.兼职教师的教育教学水平;6.新教师的培养制度及实施。	汇报、查看文件、座谈了解、现场查看
	教学条件与利用	1.图书生均册数;2.教学设备设施能满足教师的需要;3.实验室、实训基地和校外实习基地的建设及利用;4.校园网建设满足师生的教学需要;5.四项经费*占学费收入的比例;6.生均四项经费增长率。	汇报、查看文件、座谈了解、现场查看
	校风与学风	1.校园文化及其建设;2.师生精神面貌;3.学生遵守校纪校规的情况 4.学生的学习积极性;5.学生课外科技文化活动。	汇报、查看文件、座谈了解、现场查看
教学质量监控	教学质量监控体系	1.学校是否建有教学质量监控体系;2.监控体系是否完善;3.监控体系是否在实践中有效运行。	汇报、查看文件、座谈了解、现场查看
	课堂教学质量	1.教师的教学态度;2.教学方法的运用;3.课堂管理能力;4.教师的理论或技能水平;5.课堂氛围。(包括理论知识类和实践类课)	随堂听课

续 表

督导目标	督导项目	督导观测要点	观测依据
教学质量监控	教师满意度	1.教师的教学积极性;2.教师对学校管理的满意度;3.教师对学风的满意度;4.教师对自身专业发展的信心指数。	问卷访谈
	学生满意度	1.学生对教师教学的满意度;2.学生对学校管理服务的满意度;3.学生对学校环境、设备设施的满意度;4.学生退学率。	问卷访谈、查看记录
	毕业设计	1.文本规范;2.内容切合经济社会或专业发展;3.论证合理科学;4.创新意识;5.获校外优秀设计(论文)比例。	抽查评价
	个别课(公共课或专业课)全市统考	统考成绩	组织不同规模学生考试
	社会评价	1.学生的报到率;2.学生就业率;3.社会培训的规模;4.其他服务地方经济社会的工作;5.社会回报成果。	汇报、查看文件资料
教学质量改进	国家教学改革政策的贯彻实施	1.把握国家教学改革政策方向、内容与要求;2.有步骤分阶段地贯彻实施教学改革;3.成效显著。	汇报、查看文件资料
	市局年度教学改革任务的落实与完成	1.明确市局年度教学改革目标、内容与要求;2.切实落实并完成教学改革任务。	汇报、查看文件资料
	学校年度教学改革与建设推进与成果	针对学校长远规划及年度计划,考察其改革与建设的开展、实施及成果。	汇报、查看文件资料

* 四项经费包括本专科业务费、教学差旅费、体育维持费、教学仪器设备维修费。

(4)督导体系说明

本督导内容评估体系适用于对各高校开展的市级教学督导。市级教学督导着重在宏观上、体制上、政策上以及重要的微观关键点上予以关注。教学管理行为分为教学质量保证、教学质量控制和教学质量改进三类。这三类行为正是市级督导的切入点,也是该体系的三个纵向督导领域。这体现了该督导内容体系的宏观性。

体制上的督导主要体现在考察教学质量保证和监控体系的构建、完善及运行上,对这方面的考察有利于促进高校形成有效的质量保证与监控机制。

政策性主要体现在关注国家、市局和高校自身在教学改革方面的政策、文件、规划、任务等的贯彻实施、推进落实情况和成果成绩。国家政策往往是阶段性的，为此，督导人员必须熟知政策要义，以便在评估中更好地开展指导；市局和高校规划都是年度性的，要针对年度工作计划或规划重点，考察学校落实进度、效果等。对政策方面的考察重在促进高校加快教学改革，特别是专业课程建设。

微观关键点主要是提取一些重点项目作进一步观察，如毕业设计、随堂听课等，以便发现问题，及时提出指导意见与建议。

教学质量保证旨在确保最基本的教学质量，主要从办学思想、教师队伍、教学条件及利用、校风学风等方面考察，这些方面分别代表着思想保证、人财物的保证和环境保证。学校教学督导是高校保证教学质量的重要举措与方法，对此进行考察，有利于促进高校形成良好的教学督导机制，发挥教学督导在保证教学质量上的重要作用。

教学质量监控旨在监察教学质量水平，及时发现其中存在的问题，并予以纠偏、改进。监控并不着眼于每个环节，而是选择重要关键环节予以考察，起到以一斑见全豹的功效。因此，质量监控选择了课堂教学质量、教师满意度、学生满意度、毕业设计、统考和社会评价等重要方面，这些方面直接决定着教学质量高低或直接反映教学质量水平。

教学质量改进旨在考察高校的教学改革情况，其依据是国家相关政策、市局改革重点和学校发展规划及年度改革计划。

该体系在实践应用中，首先须根据实际及工作重点对各指标配以分值；其次，明确评价只是手段，目的是发现问题、加强指导、推进改革、提高教学质量；第三，可根据督导人员力量，分阶段逐步实施督导评价，如期初、期中和学年末，阶段评价分别选取内容体系中的部分指标进行，也可根据实际，隔年进行一次。

2. 校级教学督导内容体系

（1）校级教学督导内容体系

在前述研究基础上，结合市级教学督导内容体系，笔者构建出校级教学督导内容体系，见表 3-6。

表 3-6 校级教学督导内容体系

督导方式	一级项目	二级项目	观测要点	观测依据
过程督导	常规督导	教师教学过程	1.课前准备中的培养方案、教学设计；2.课堂教学中的课堂管理、教学方法运用、课堂氛围；3.课后考核中的试卷评价、考核方式。（包括理论课和实践课）	随堂听课、查看资料记录
		学生日常管理	1.学生管理制度完善；2.管理制度有效运行；3.学生管理队伍能满足需要。（关注课堂纪律、考勤、课外活动、实践教学、评优评奖等）	汇报、查看文件资料、座谈
		系、室教学管理	1.系、室教学管理工作制度建设与健全；2.系、室教研工作开展情况；3.系、室教学团队建设情况；4.系、室专业课程建设情况；5.系、室指导学生学习情况。	汇报、查看文件资料、座谈
		院级教学质量保证与监控体系	院级教学质量保证与监控体系的建立、健全与运行情况。包括教学管理、经费、督导等。	汇报、查看文件、座谈了解、现场查看
	专项督导	学校年度教学中心工作贯彻落实	学校年度教学建设与改革任务的落实与完成。	汇报、查看文件
		学院年度教学中心工作推进实施	1.学院年度教学建设目标的合理性；2.建设改革的组织、实施与成果。	汇报、查看文件
		毕业设计	1.文本规范；2.内容切合经济社会或专业发展；3.论证合理科学；4.创新意识；5.获学校或校外优秀设计（论文）比例。	抽查评价
		其他	根据需要另行确定督导主题。	
成果评价	教师队伍	教师队伍增值变化	1.教师职称晋升比例；2.教师学历提升比例；3.教师学习培训人次；4.教师校外专业实践人均时长。	查看资料记录
		教师满意度	1.教师福利待遇年增长率；2.教师办公条件的改善；3.教师对学院管理及服务的满意度；4.教师教学科研积极性；5.教师对学风的满意度。	问卷访谈、座谈
		教学科研成果	1.教师教学校内外获奖和评优情况；2.教师教学改革校外立项；3.教师科研校外立项；4.教师学术论文；5.教师指导学生校外获奖；6.教材编写与出版。	查看资料记录

续　表

督导方式	一级项目	二级项目	观测要点	观测依据
成果评价	学生学习	学习风气	1.学院师生的精神面貌；3.学生遵守校纪校规的情况 4.学生的学习积极性；5.学生课外科技文化活动。	问卷访谈、查看资料
		学生评价	1.学生对教师教学的满意度；2.学生对学院管理服务的满意度；3.学生退学率。	问卷访谈、座谈
		学生学习成果	1.英语四六级通过率；2.专业技术资格获得率；3.学生校外各类竞赛获奖；4学生发表学术成果。	查看资料记录
	社会评价	学生就业	1.学院学生就业指导工作情况；2.学院学生就业率。	汇报、查看文件记录
		社会服务	1.社会培训的规模；2.学院服务社会经济的相关工作；3.社会回报成果。	汇报、查看文件记录

（2）督导体系说明

校级教学督导适用于学校对各二级学院开展的教学督导。该督导内容体系将教学质量过程把握和结果考察分为两个督导领域，从督导方式上看，教学过程上着重"监督"与"指导"，而教学结果则关注"评价"，督导与评价相互补充、相互促进，共同促进各二级学院教学质量的提高。督导又从常规督导和专项督导两个方面着手。

常规督导主要关注督教和督管。督教集中于各二级学院教师的教学过程，包括课前准备中的培养方案、教学设计，课堂教学中的课堂管理、教学方法运用、课堂氛围，课后考核中的试卷评价、考核方式等。督管主要从学生日常管理、系/室教学管理、院级教学质量保证与监控等几方面考察。学生日常管理虽然有些内容不涉及教学，但这是二级学院的重要工作内容，也与学生的学业成就及教学质量密切相关，故也纳入督导体系。二级学院的系或教研室，是学院教学管理的基层组织，他们工作的开展及改革建设直接决定着二级学院甚至学校改革建设的成绩，也决定着学校的教学质量。教学质量保证与监控不仅是学校应关注的，更应是学院的工作重点，只有二级学院共同努力，才能确保学校整体教学质量不断提升。因此，对各二级学院教学质量的保证与监控考察亦成为必要。

专项督导则是根据学校和二级学院工作实际，对影响学校或学院教学质量的专项进行必要的督导，主要包括学校年度教学中心工作贯彻落实、学院年度教学中心工作推进实施等,毕业设计也在此列。此外,学校督导还应根据学校教学工作中存在的实际问题,开展必要的专项督导,为提高教学质量扫除障碍。

结果评价是对二级学院教学成果进行评估,由最终结果反映学院教学质量,从而促进学院不断改进教学工作,提高教学质量。对学院教学结果的评价主要包括教师队伍、学生学习和社会评价三个方面。在教师队伍上,主要考察学院教师队伍建设成果,包括教师队伍增值变化、教师满意度、教学科研成果等。在学生学习上,关注学生的学习风气、学生对学院及教学的评价、学生学习成果等方面,这几方面体现学院管理成果和教学成果。学院在一所高校中是相对独立的基层单位,社会对学校的评价可落实到二级学院,因此,对二级学院的社会评价就成为必要。二级学院的社会评价主要从学生就业情况及学院对社会经济的服务能力上来考察。

该体系在实践应用中,首先须根据实际及工作重点对各指标配以分值,过程督导指标也可配以分值;其次,明确评价只是手段,目的是发现问题、加强指导、推进改革、提高教学质量;第三,可根据督导人员力量,分阶段逐步实施督导评价,如平时关注过程要素,期末考核成果要素。

3.院级教学督导内容体系

(1)督导内容体系

根据前述理论研究,在市级及校级教学督导内容体系基础上,笔者构建出下列院级教学督导内容体系(表3-7)。

表3-7 院级教学督导内容体系

督导方式	一级项目	二级项目	观测要点	观测依据
督导	常规督导	课程培养方案	1.培养方案符合人才培养目标;2.培养方案完善且符合教育理论与实践;3.培养方案在课堂教学中贯彻。	查看资料文件、现场观摩
		课程考核评价	1.考核方式科学合理;2.考核内容符合培养目标;3.试卷命题质量及学生学业水平。	查看资料文件
		学习方法与态度	1.学生的学习态度;2.学习方法科学合理。	问卷访谈
		学生教育与管理	1.学生思想道德素质教育安排与实施;2.学生日常管理;3.学生就业指导;4.学生校外实践活动管理。	座谈、现场查看

续　表

督导方式	一级项目	二级项目	观测要点	观测依据
督导	常规督导	教风与学风	1.教师对学院管理及服务的满意度;2.教师教学科研积极性;3.教师对学风的满意度;4.学院师生的精神面貌;5.学生遵守校纪校规的情况6.学生的学习积极性;7.学生课外科技文化活动。	问卷访谈、现场查看
	专项督导	建设与改革专项	根据学校及学院年度教学改革与建设确定督导主题。	查看资料记录、座谈
		教学全过程专项	根据学院教学情况开展针对性的督导。	根据内容确定
评价	教师考核评价	课堂教学质量	1.教师的教学态度;2.教学方法的运用;3.课堂管理能力;4.教师的理论或技能水平;5.课堂氛围;6.合乎培养人才目标。(包括理论知识类和实践类课)	随堂听课
		他人评价	1.学生对教师评价的评价;2.同行评价。	查看材料记录
		教学成果	1.校内外教学上获奖或评优情况;2.指导学生校外竞赛获奖;3.毕业设计的指导质量;4.教学工作量符合基本要求。	查看材料记录
		教研科研成果	1.教师教学科学校外获奖或评优情况;2.教师教学改革校外立项;3.教师科研校外立项;4.教师学术论文;5.教材编写与出版6.教改中作出一定贡献。	查看材料记录
		学习或培训成果	1.学历提升情况;2.职称晋升情况;3.专业技能资格证获得情况;4.参加校外机构学习培训时长。	查看材料记录
		社会服务	1.为社会提供技能培训时长;2.科研成果推广并受好评。	查看材料记录
	系、室工作评价	系、室教研工作的开展	1.系、室自身价值定位;2.教研工作开展情况;3.成员参与情况。	汇报、查看文件材料记录、座谈
		系、室教学团队的建设及成果	1.教学团队结构与数量满足教学需要;2.教学团队建设计划及实施;教学团队建设成果。	汇报、查看文件材料记录、座谈

续　表

督导方式	一级项目	二级项目	观测要点	观测依据
评价	系、室工作评价	系、室专业课程建设成果	1.专业课程培养目标定位;2.专业课程建设计划及实施;3.专业课程建设成果。	汇报、查看文件材料记录、座谈
		系、室指导学生学习	1.系、室指导学生学习计划及实施;2.系、室与各专业班构成反馈、改进机制运行情况。	汇报、查看文件材料记录、座谈

(2)督导体系说明

该督导体系适用于各二级学院在内部开展的督导,院级督导旨在了解学院教学工作现状,对教学相关问题给予指导,及时发现问题并予以纠正,确保并提高教学质量。同校级教学督导内容体系一样,该体系也从教学过程督导和教学结果评价两个方面入手,从督导方式上看,教学过程上着重"监督"与"指导",而教学结果则关注"评价"。督导分为常规督导与专项督导两方面。

常规督导在院级主要侧重督教与督学,课堂教学过程中课程培养方案的把握与课程考核评价情况是关键一环,而课堂教学质量则置于评价领域。督学重在考察学生的学习方法、态度及学风等。此外,对学生的教育及管理也是院级教学督导的重要内容,学生管理是督管的重要方面,而学生的教育则直接影响人才培养及教学质量。

专项督导主要考虑两种情况:其一,对教学全过程中的部分关键且较为突出的问题开展专项督导,以提高人才培养水平、疏通管理机制、改善教学环境等;其二,针对市局、高校及学院自身的教学建设与改革情况开展的专项督导,了解改革与建设进展及成果,进行必要的指导。

在评价领域,教师成为学院开展评价的重要对象,而系、室是院级教学管理基层单位,故成为学院评价的又一重要对象。

对教师的考核评价,在承袭校级督导内容体系的基础上,主要从课堂教学质量、他人评价、教学成果、教研科研成果、社会服务、学习或培训成果等方面开展。这几个方面体现了一名大学教师的岗位职责完成情况及教学水平。

系、室教学工作评价则从四个方面开展:其一,系、室教研工作的总体情况,包括制度建设、自身定位、计划制定、活动开展等;其二,从教学团队建设方面考察,包括团队的数量与质量水平、建设规划及实施、建设成果等;其

三、从专业课程建设方面考察,专业课程建设是高校教学建设与改革的重要方面,其最终落实于系、室工作,因此,对系、室这方面的考察应视为重点,可从目标定位、计划实施及建设成果等方面开展;其四、系、室与各专业教学班级联系极为密切,在学生的学习指导上,系、室也承担着一定职责,因为从专业的角度对学生开展指导效率更高,也更便利,这方面主要关注学生学习指导的计划及实施、各班级在提高教学效率上形成的互助发展机制的运行情况。

该体系在实践应用中,首先须根据实际及工作重点对各指标配以分值,过程督导指标也可配以分值;其次,明确评价只是手段,目的是发现问题、加强指导、推进改革、提高教学质量;第三,可根据督导人员力量,分阶段逐步实施督导评价,如平时关注过程要素,期末考核成果要素。

4. 市、校、院三级教学督导内容体系说明

(1)三级教学督导内容互相呼应、环环相扣

开展市、校、院三级教学督导,必须在思想与行为上达成一致,才能打造一张无形的网,形成合力,提高教学质量。同时,结合三级行政管理实际,确定督导内容。如教师队伍(建设)、课堂教学、学业成绩、毕业设计、社会服务、专业课程建设与改革等,有些内容贯通于三级教学督导体系之中;也有部分内容是某两级间相互衔接,如系、室教研工作在校级和院级都有强调,毕业设计则在市、校二级体系中显现。市级督导体系中的办学思想、办学条件、社会评价等,校级督导体系中的教师福利待遇、学生的学业成果等,以及院级督导体系中的系、室工作评价等,则是充分考虑到各级教学管理机构的行政权限及管理体制而确定的。

(2)普通高校与高职院校相区别

实践中还应注意在内容及程度上区别普通高校和高职院校,还要注意文科类和理工类专业不同,根据情况区别对待,主要是从人才培养目标、培养模式及特点考虑,只有结合实际,才能更好地发挥督导促进教学质量提高的作用。这些院校及专业的差异,体现在督导内容体系中,主要在专业课程建设与改革、实践教学、毕业设计等方面,如高职院校应更重视实验、实训及实习等实践教学、校企合作、服务社会经济等方面。这些不同可在督导内容体系中设定不同标准,或在评估分值上予以体现。指导也应有所侧重,这是在开展教学督导中应关注的重要方面。

(3)根据实际选择关键要素或环节考察

影响教学质量的要素涉及教学及管理的全过程、全方面,如尽数纳入督

导体系,这将是一个极为庞杂、难以操作的体系。因此,本书的三体系并没有将教学全过程、全方面都纳入,而是选择部分关键环节或要素予以考察。这样做一方面便于实践操作,另一方面,也是考虑到三级教学督导员的工作量,当前各级督导工作人员并不充足,工作量过大会影响督导质量。

三、课程质量保证体系的理论构建[①]

教育教学督导大多是从院校外部进行的质量保证与监控。很显然,这种保证与监控于院校而言具有被动性,其效果远不如院校开展的自我保证与监控。毫无疑问,教育教学质量取决于院校内部的运行与管理,从内部推进质量保证可以说抓住了问题的根本。质量保证是院校应承担的根本职责,也是院校主体责任的重要体现。建立科学的内部管理体制和运行机制是现代大学治理体系的基本特征之一,2015年,教育部职业教育与成人教育司印发的《高等职业院校内部质量保证体系诊断与改进指导方案(试行)》,极大地促进了内部质量保证体系在院校的建设。在内部质量保证体系中,从课程入手推进质量保证,是院校整个质量保证体系的重要层面。

(一)高职院校内部质量保证体系构建的基本框架

1.院校内部质量保证体系的理论基础

控制论(Cybernetics)为我们分析院校内部质量保证体系提供了理论基础。所谓控制,即一个有组织的系统根据内外部的各种变化进行调整,使系统保持某种特点的状态,是施控主体对受控主体的一种能动作用,这种作用能够使受控主体根据施控主体的预定目标而动作,并最终达到这一目标。[②]控制论离不开系统论与信息论:系统在与外部环境相互作用下需要通过控制来保持自身平衡或稳定状态,控制又需要借助信息输出与反馈对受控主体施加影响,以达到预定目的。作为组织系统的高职院校,要构建并运行内部质量保证体系,必须依据质量目标对相关要素进行优化整合,确定工作计划和行动路径并制定相关制度与标准,对工作过程进行测量和评价,从而形

[①] 这部分内容笔者此前已有论述,可参见下文,收入本书时有改动。宁业勤,楼世洲.高职院校课程质量保障体系的构成和实践[J].江苏教育,2020(76):20-25.
[②] 张相洲.管理控制论[D].大连:东北财经大学,2003.

成偏差纠正和自我完善的动态机制;同时根据组织内外环境变化和组织发展需要,在计划执行过程中对原计划进行修订并调整整个管理工作程序,以确保系统平稳、有序运行并实现人才培养质量目标。①

全面质量管理(Total Quality Management,TQM)是内部质量保证体系构建与运行的又一重要理论基础。比较原始的质量控制即运用数理统计原理来控制生产过程和产品质量,通过抽样搜集少量数据,进行分析以发现并消除异常性原因对质量的影响,使产品质量经常处在正常状态。② 随着人们对质量品质的不懈追求,加上控制论的深刻影响,全面质量管理应运而生。全面质量管理理念包括:质量控制有赖全员参与、全过程介入、全方位开展;强调以顾客为中心,突出员工的主体地位;质量体系是质量管理的基础,追求质量的持续改进;强调内部协调一致,以更低成本获得更高收益等。③ 全面质量管理中给人印象深刻的是戴明提出的质量改进模型(计划、执行、检查、处理)、朱兰提出的"质量三部曲"(质量计划、质量控制、质量改进)以及克劳士比提出的"零缺陷(Zero Defects,ZD)"理念。

2.院校内部质量保证与外部质量保证的运行

从管理实践来看,在确保并提升人才培养质量上,有来自院校外部的作用力和来自院校内部的作用力之分,前者为"外部质量保证",后者为"内部质量保证"。

具体来看,"外部质量保证"是指院校以外的教育主管部门、政府督导机构或受委托的第三方组织为确保院校质量而开展的管理,如评估、督导等,其行为主体是外在的,其性质是他律的、外力强加的。"内部质量保证"则是院校自身为了确保人才培养质量而主动作为,其行为主体是院校自身,其性质是自律的、主动积极的。质量保证实质是组织机构通过提供足够的产品和服务信任度,阐明其为满足顾客和服务对象的期望而做出的某种承诺。④

外部质量保证和内部质量保证又有密切联系,强调内部保证并不能否定或摒弃外部保证,二者可以且必须同时存在:外部保证是内部保证的"保证",没有外部保证,内部保证的自律与自觉就会大打折扣;内部质量保证是

---

① 张广照,吴其同.新兴学科词典[M].长春:吉林人民出版社,2003:258.
② 邹瑜,顾明.法学大辞典[M].北京:中国政法大学出版社,1991:1275.
③ 朱兰.朱兰质量手册:第5版[M].焦叔斌,译.北京:中国人民大学出版社,2003:400-415.
④ 孔晓东.全面质量管理理论与高校教学质量保障[J].教育评论,2009(1):27-29.

外部质量保证的延伸与补充,是外部质量保证的重要内容、途径与手段。

内部保证并不是新生事物,它被强调与突出,原因有二:一是科学的管理思想深入人心,"质量是生成出来的而不是评估出来的"这一理念被广泛接受;二是院校对来自外部频繁的考核评估活动产生的抵触情绪。可以说,由外部质量保证到内部质量保证是管理理念的创新,是管理行为的自我超越,也是质量控制方式的现实选择。

3.高职院校内部质量保证体系中的课程质量保证

《高等职业院校内部质量保证体系诊断与改进指导方案(试行)》提出:"以诊断与改进为手段,促使高职院校在学校、专业、课程、教师、学生不同层面建立起完整且相对独立的自我质量保证机制,形成全要素网络化的内部质量保证体系。"结合高职院校办学实际,我们认为,在整个质量保证体系中课程质量保证处于牵一发而动全身的关键位置,它是观察整个质量保证体系构建状况及其运行效果的重要窗口。课程是直接影响人才培养质量最关键、最活跃的因素,也是教学质量的标志。[1]

课程质量的重要性体现在以下方面:第一,课程教学工作是院校的中心工作,院校大部分工作都围绕着课程和教学及相关要素开展,教学是人才培养的重要依托;第二,课程质量直接决定人才培养质量,无论是哪类课程,它们的目标、内容及其教学等直接关联着人才培养,而且,在整个院校运行过程中,课程、教学、教师是最接近质量服务对象即学生的,是集中体现人才培养工作满意度之所在;第三,在整个质量保证体系中,院校的组织决策、资源建设、专业建设等都属于前提性支撑服务要素,其对象即课程质量,而事中及事后的监控、诊断与改进也都围绕着课程及其效果进行。

4.高职教育课程质量及其特性

随着质量管理思想与方法不断创新,质量目标也在不断更迭,由初始的"符合性"质量(产品符合设计标准)到"适用性"质量(产品适合顾客需要),再到当前的"满意性"质量,即"产品、体系或过程的一组固有特性满足顾客和其他相关方要求的能力"。[2]

高职教育质量重点体现在各利益相关方对人才培养工作的满意度,这也是构建并运行质量保证体系的目标所在。高职教育培养的是生产、建设、

---

[1] 刘宁.对高职院校课程建设的反思与重构[J].教育与职业,2011(11):122-124.
[2] 胡铭.质量管理学[M].武汉:武汉大学出版社,2004.47.

服务和管理第一线需要的高素质技术技能型专门人才，课程是人才培养工作的核心，课程质量即在课程开发与实施等活动过程中满足利益相关方要求的能力。

相比普通高校课程，高职课程质量的特性主要体现在以下方面：一是应用性，高职课程培养的是技术技能型人才，实践性、应用性强，能动手、会操作成为学生的首要诉求；二是适应性，科技创新与产业技术的更新加快，决定课程在满足学生需要上必须根据外界环境变化而变化，使学生所学能适应社会发展、为社会所用；三是实效性，高职教育学制短、课时少而培养任务重，以就业为导向，这就决定高职课程质量必须力求实效，使学生能就业、受欢迎，在职场中获得长足发展。

课程质量保证必须围绕课程质量特性开展，为培养高素质技术技能型人才提供保证与服务。

（二）高职院校课程质量保证体系的构成要素

课程质量保证涉及的要素纷繁复杂，结合控制论和全面质量管理思想，根据各要素的性质与功能，我们在此将课程质量保证体系分为五个子系统，即质量支持系统、质量标准系统、质量生成系统、质量监控系统和质量改进系统。

1. 以组织服务为中心的质量支持系统

在内部质量保证体系中，有一些间接影响课程质量的工作过程与要素，它们在院校中为课程质量生成提供人、事、物等方面支持，我们统一称之为质量支持系统。质量支持系统是课程质量保证的先决条件，按照工作内容的不同可分为四条保证线，即教务处组织下的专业和课程建设线、学生处组织下的学生规范管理线、人事处组织下的师资队伍建设线和校园建设处组织下的设备设施配置线。专业建设是影响课程质量的关键因素，课程建设是专业建设的重要支撑，它们涉及的工作包括专业设置、专业考核与评估、校企合作、课程设置、教材建设、课程改革等。学生规范管理主要通过辅导员和团委对学生开展思想道德教育及职业素质训育，这不仅有助于课程质量的提高，而且其工作本身就体现了课程质量。师资队伍建设线主要涉及教师招聘、培训、考核及晋升等，这是课程质量保证体系中最具影响力的因素。为教育教学配置完善的设备设施、确保必要的教学条件是课程质量保证的重要物质基础。

2. 以培养规格为中心的质量标准系统

质量标准系统是由各项规章制度、目标及标准等所构成的系统,是各项工作开展的依据,也是质量监控与改进的重要参照。

质量标准系统首先包括相关部门与岗位的工作制度,在工作目标、内容、流程及要求等方面作出规定,如专业与课程建设相关制度,教师引进、培训、考核与晋升等相关制度,课堂教学工作制度,质量监控与改进工作制度等。

其次是课程与教学的目标和标准,这些是课程组织实施中各类行为的指导性文件,严格规定着教育教学行为,包括专业建设目标和标准、课程培养目标、教学大纲、课程标准、教学标准、顶岗实习标准、毕业设计标准等。制度、目标与标准的制定是质量控制中有别于事后反馈控制和事中实时控制的前馈控制,其旨在获取有关未来的信息,据以进行前瞻性、细致预测,将可能出现的执行结果与控制标准的偏差预先确定出来,或者事先察觉内外部环境可能发生的变化,以便提前采取适当的处理措施,预防问题发生。[①]

质量标准的制定必须紧紧围绕人才培养规格开展,以提升课程的应用性、适应性和实效性为目标,为课程质量提供制度保证。

3. 以教育教学为中心的质量生成系统

质量生成系统就如企业生产加工系统,它直接决定着产品质量,尽管质量高低与其他环节或过程也相关。在课程质量保证体系中,教育教学直接生成课程质量,在很大程度上决定着利益相关方对人才培养工作的满意度。

教育教学工作主要是围绕学生开展的一系列活动,包括课堂教学、实习实训、社团活动、技能培训、综合素质训育等。教育工作主要指团委和二级学院辅导员、班主任开展的各种课外活动,旨在培养学生思想道德、提升综合素质等。教学工作则指教师在课堂或工场的各类课程开展——包括理论课与实践课,旨在培养学生基础文化知识和专业素质与技能。

教育教学工作必须紧紧抓住课程质量特性开展,本着教、学、做一体化与工学结合的理念,用好实训基地,强化实践教学,以提升课程的应用性;坚持产教融合、校企合作,在师资上引进来与走出去相结合,对接产业技术,及时更新课程内容,以提升课程的适应性;坚持"三全"育人,围绕培养目标打造立体式育人空间,凝聚共识,形成合力,以提升课程的实效性。

---

① 张相洲. 管理控制论[D]. 大连:东北财经大学,2003.

4.以诊断评价为中心的质量监控系统

质量监控系统是对质量生成过程及其结果进行实时或事后监控采取的过程与方法所构成的系统。质量监控是为了发现问题并有效改进，以此保证课程质量。质量监控主要通过诊断与评价进行，它所依凭的即标准系统或由其简化的质控点。

在质量监控中，诊断与评价主要包括以下三个方面，即学业评价、课程评价和教学评价。学业评价即在课程实施过程中或结束后检视学生达成课程预期（阶段性）目标或标准的情况。课程评价即评价课程自身情况，包括课程存在的意义、课程目标与标准的确定、课程内容与教材的选择、课时安排的合理性等。开展课程评价旨在确保课程在人才培养中的作用。教学评价主要针对教辅人员在课堂及课外开展的教育教学活动进行评价，内容上包括教学理念、教学方法与手段、教学设计、教学过程、教学组织形式与策略、教学效果等，这些直接决定着课程目标的实现以及学生学业成绩。

为了确保课程质量的应用性、适应性与实效性，诊断评价必须全方位关注学生学习结果——特别是综合素质与技术技能表现，建立多元评价体系，让师生、督导、企业行业专家积极参与进来。

5.以问题追溯为中心的质量改进系统

质量改进系统是对诊断评价中发现的问题进行成因分析并追溯、反馈，进而改进的运行系统。质量改进在一个完整的质量保证闭环中处于终结阶段，同时又开启一个全新的质量循环，正是在这种不断改进的循环中，质量才得以不断提升。其中，实时诊断到实时改进形成一个灵敏的小循环，而终结性事后评价到全面改进则形成一个大循环，如此构成大循环套着小循环的改进系统。

质量改进系统首先是问题确认，对发现的问题进行界定，是偶然的还是必然的、其严重程度如何、是否普遍存在等。

其次是问题分析，包括问题的成因、涉及的人员或部门、后续影响、解决对策等。

再次是问题反馈，将问题分析情况向个人或部门反馈，并提出改进意见，如果问题是连锁的，还必须进一步追溯。

最后是问题改进，个人或部门结合实际情况作进一步分析并切实改进，必要时应会同相关方共同解决。质量改进是质量监控后的重要环节，没有改进，监控也就失去意义。因此，监控结果与改进效果都应纳入考核范围，以促进问题真正解决,确保质量体系开启良性循环。

(三)高职院校课程质量保证体系的运行路径与机制

1.课程质量保证体系的运行路径

实践中,上述课程质量保证系统之间必须保持有机衔接、相互贯通。如图 3-2 所示,支持系统为生成系统提供服务,在人、事、物等方面做好前提性保证工作;标准系统既是生成系统与支持系统的行为参照依据,也是监控系统诊断与评价的标准;生成系统即在支持系统与标准系统的共同作用下对学生开展课内外教育教学活动;监控系统即按照标准对质量生成过程及其结果进行实时或事后诊断与评价;改进系统即对诊断与评价结果进行梳理,对发现的问题进行分析、反馈与改进,问题溯源或直接针对生成系统,或围绕生成系统间接追溯至支持系统、标准系统,甚至是监控系统,改进后的质量保证体系又开启新的运行周期。

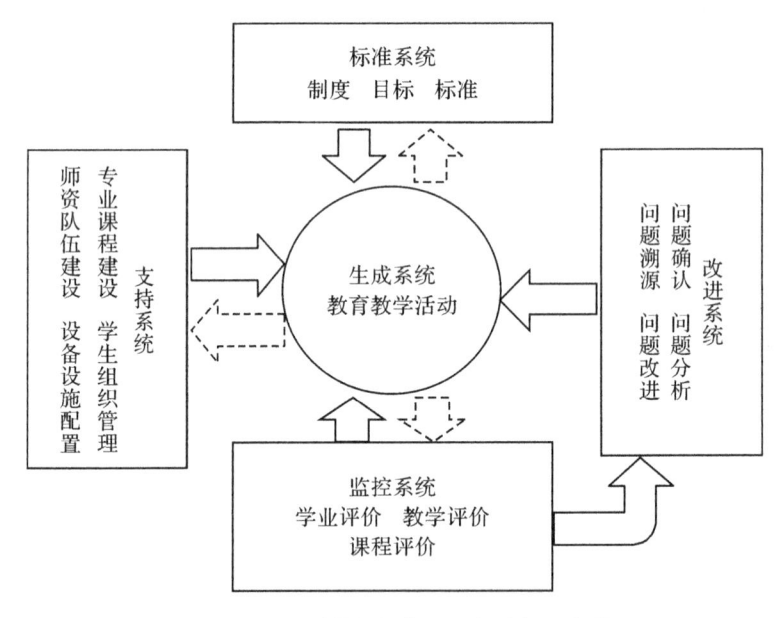

图 3-2 课程质量保证体系运行路径示意图

2.课程质量保证体系的运行机制

为确保课程质量保证体系稳定运行,必须建设并利用好两个机制,即动力机制和协调机制。二者相互结合、相得益彰,前者在于赋能,后者在于平衡,缺少动力的协调与缺少协调的动力,都不能确保质量体系有序、高效运行。

动力机制即确保课程质量体系运行的动力促进机制,动力机制主要解决的是人的动力问题。在保证体系中有三点值得关注:一是目标、标准的设定,要切合课程、学生和工作实际,可达成、可测量、明确、具体,能有效发挥导向作用;二是制度建设,特别是激励或规约教职员工行为的规章制度,要合情合理、公正、平等地实施,真正做到制度管人;三是诊断评价,对教育教学过程及其结果进行诊断,对问题改进效果进行评价,诊断与评价的结果都纳入人员奖惩范围。

协调机制是提供服务、协调人事、清障排扰以确保质量体系有序、高效运行的保证机制。做好协调工作首先要为教育教学一线人员提供满意的服务;其次是合理安排人事,及时解决人事矛盾,呼应教职工诉求;最后是对阻碍和干扰课程正常运行的舆论、问题以及各种掣肘因素进行有效处理。建好协调机制关键要疏通协调渠道,准确及时沟通,对反馈的信息进行及时处理。

高职院校做好课程质量保证还应注意以下几点。

一是力求"第一次就把事情做对",这是零缺陷管理理论的核心,也是课程质量保证的重要理念,因为学生这一特殊"产品"容不得试错。这就要求质量保证相关工作如组织决策、制度目标制定、教育教学、诊断评价等必须反复论证,做足事前准备,谨慎细致推进,确保质量体系一开始就处于最佳状态运行。

二是做好全程控制,包括事前的前馈控制、事中的实时控制和事后的反馈控制。全程及时收集、研判各类质量信息,做好诊断评价并予以干预,确保各类行为指向质量目标。

三是编制并用好质控点,搭建质控平台,对照目标与标准开展诊断与评价以收集质量信息。这项工作复杂、量大,可对标准系统进行简化,列出少数重要关键点作为质控点,同时利用信息技术搭建网络监控平台,以提升监控工作效率。

四、课程质量保证体系个案研究

按照课程在人才培养中的价值与功能,我们将高职课程总体上分为两大类:一为培养"高素质"的课程,包括思政类、人文类、身心健康类等文化素质类课程；一为培养"技术技能"类课程，包括各种专业课程。在文化素质类课程中，以人文素质、身心素质与思想政治道德素质为基础，以职场生态为背景，以提升职场竞争力并获得长足发展为目标，培养学生在职场中普遍适用的知识、能力与素质的课程，我们称之为职业素质类课程。本节以宁波某学院该类课程为个案，探究课程质量保证体系的构建与实践。

（一）课程开设背景

1. 国家政策文件

在高职院校开展职业素质教育，重视培养学生的诚信品质、敬业精神和责任意识、遵纪守法意识，培养高素质的技术技能型人才，这是国家诸多政策文件一直强调的。

> 进一步加强思想政治教育，把社会主义核心价值体系融入高等职业教育人才培养的全过程。要高度重视学生的职业道德教育和法制教育，重视培养学生的诚信品质、敬业精神和责任意识、遵纪守法意识，培养出一批高素质的技能性人才。（教育部《关于全面提高高等职业教育教学质量的若干意见》）

> 全面贯彻党的教育方针，落实立德树人根本任务，坚持创新引领创业、创业带动就业，主动适应经济发展新常态……各高校要根据人才培养定位和创新创业教育目标要求，促进专业教育与创新创业教育有机融合，调整专业课程设置，挖掘和充实各类专业课程的创新创业教育资源，在传授专业知识过程中加强创新创业教育。（国务院办公厅《关于深化高等学校创新创业教育改革的实施意见》）

> 全面推动习近平新时代中国特色社会主义思想进教材进课堂进头脑，积极培育和践行社会主义核心价值观。传授基础知识与培养专业能力并重，强化学生职业素养养成和专业技术积累，将专业精神、职业精神和工匠精神融入人才培养全过程。……高等职业学校应当将思想政治理论课、体育、军事课、心理健康教育等课程列为公共基础必修课程，并将马克思主义理论类课程、党史国史、中华优秀传统文化、职业发展与就业指导、创新创业教育、信息

技术、语文、数学、外语、健康教育、美育课程、职业素养等列为必修课或限定选修课。(教育部《关于职业院校专业人才培养方案制订与实施工作的指导意见》)

2.学校政策文件

职业素质类课程是许多院校都会开设的课程,以下以宁波某学院为例作些介绍。该校一贯重视学生"第一质量"的培养,为了有效落实国家相关政策,自2009年起就将职业素质教育培养作为学校的重点工作之一,先后出台了一系列有关职业素质教育教学的文件与制度,为提高教育质量提供了制度保证。以下选择文件部分内容予以呈现:

> 根据学校专业设置的特点,科学分析现代服务业职业岗位的职业素质要求与特征,系统研究现代服务业职业素质教育与养成的培养规律与方法,系统完善基于现代服务业职业特质的、以责任文化为引领的学生职业素养教育体系。将学生现代服务业职业素养与通识基础课、专业课、学生实践活动及日常活动相结合,通过一二三课堂的联动形成合力,深化责任、沟通、诚信、敬业、创新创业等素质教育,全面提升学生的职业素养,培养"金牌员工"。(《关于修订2019年高职专科人才培养方案的指导性意见》)

> "职业素质与职业发展"课程从职场的现实需要出发,前瞻性地加强培养学生的职业综合素养与核心能力,提升学生的劳动素养。以"责任、沟通、诚信、敬业、创新创业"等现代服务业职业素质特质为核心,以职业规划、职业沟通、职业操守、职业礼仪、就业创业等五大教学模块为教学内容,以培养现代服务业高素质的"金牌员工"为目标,全面提升学生未来的职场竞争力,实现职业长足发展。课程采用线上线下混合式教学模式,坚持"三全"育人原则,实施"三课堂联动",第一课堂以授课、训练等方式开展,第二课堂以公司制平台、社团和技能节为依托,第三课堂以学徒制等实习实训方式开展,坚持校内外相结合、直接教育与间接融入相结合、日常养成与集中训练相结合,形成全方位、立体式的职业素质教育培养体系。(《关于修订2019年高职专科人才培养方案的指导性意见》)

以责任为引领、以公司制为平台、"三课堂联动"的学生职业素质教育体系的确立是我院通过六年的探索与实践而做出的选择，其基本内涵包括：职业素质教育是培养高素质技术技能应用型人才的重要环节，与专业教学具有同等重要的地位，两者围绕人才培养的总目标，共同构成了高职学生人才培养的"一体两翼"；职业素质教育的根本目的是培养具有良好职业素质的"金牌员工"；职业素质教育的根本任务是塑造有责任的准职业人；职业素质教育的基础实践平台是基于相应行业企业文化和企业管理的"公司制"；职业素质教育的基本实现路径是"三全育人"。（《关于深入推进学生职业素质教育工作的若干意见》）

让第一课堂教学环节在职业素质教育中的作用有新的突破。根据《"金牌员工"职业素质培养工程实施意见（试行）》的要求，全面深化课程教学改革，将职业素质的要求真正融入课程教学目标、内容、考核与管理，在专业教学、课程教学与课堂教学中将职业素质的要求全面渗透，发挥其在职业素质教育中的主渠道作用。（《关于深入推进学生职业素质教育工作的若干意见》）

如何使我校培养的学生能够成为明天企业的金牌员工，让学生具有优良的职业素质是前提。学生的职业道德、诚信品质、敬业精神、责任意识、交流沟通能力、团队协作精神、创新创业意识等方面的职业综合素质，是学校人才培养的第一质量。……从2010年开始全校开设"职业素质与职业发展"必修课程，与思想政治教育课程、其他基础课和专业课、文化素质教育课程等有效衔接，形成较为完善的学生职业素质养成教育课程体系。（《"金牌员工"职业素质培养工程实施意见（试行）》）

根据我校"面向生产、建设、管理、服务第一线，培养一批素质好、知识实、能力强并具有一定创新能力的高素质高技能应用型人才"的人才培养目标。强化学生职业道德、诚信品质、敬业精神、责任意识、交流沟通能力、团队协作精神、创业意识等职业综合素质方面的教育，彰显我校"高素质"人才培养特色。（《关于开展职业素质养成教育工作的指导性意见》）

(二)课程开设现状

几年来,职业素质养成教育成为学校教育教学及改革的重点工作之一。当前,宁波该校职业素质教育已形成较完备的教育体系:确立了素质教育培养目标,即以责任为引领,进一步强化学生沟通、诚信、敬业、创新创业等现代服务业职业综合素质教育,并注重学生人文素质的培养和"工匠精神"的培育,打造具有现代服务业职业特质的"金牌员工";形成了具有特色的职业素质养成教育模式,即以责任素质为引领的现代服务业职业特质为核心,基于模拟或真实公司制运行,集中授课与日常养成协同,校内、外相结合,"三课堂联动"的现代服务业学生职业素质养成教育体系。

从表3-8可以看到,该校开设的职业素质类课程包括职业素质与职业发展、职场礼仪训练、职场文书写作、演讲与口才、职场心理健康、书写技能训练,以及一系列网络公选课程,这类课程紧扣学校人才培养目标——高素质现代服务业优秀人才,旨在前瞻性地着力培养高职学生职业综合素质与核心能力,包括职业生涯规划能力、创新创业能力、交流沟通能力,使学生具备责任、诚信、敬业、合作精神与劳动意识,全面提升学生未来职场竞争力,实现职业生涯长足发展。

(三)质量保证体系建设

1.质量保证概况

在质量保证体系运行中,针对不同类课程应有所侧重,这主要体现在质量生成与监控体系中。

素质类课程重在领悟、内化并践行。在教育教学中,应创新方法与策略,强化认知与体验,关注学生情感态度价值观的养成。诊断评价应突出课程质量的实效性,以培养受用人单位欢迎的高素质人才为中心。不仅要考察学生素质的最终表现——包括在校内校外、日常生活和实习岗位上的综合素质,更要关注培养训育过程的关键环节与要素,如教学内容的适切性、方式方法的吸引力、教学活动的有效性以及学生的满意度等。

专业类课程重在操作、应用并臻于熟练。因此,必须重视实践教学,在校企合作、工学结合中加强技术技能训练,以工作过程组织教学内容,借助实训基地、工作室等创新培训形式。诊断评价应突出课程质量的应用性与适应性,以会操作、能就业为中心,关注学生在专业岗位上的动手能力以及

表 3-8 现代服务业职业素质养成课程设置一览

课程类别	课程名称	学分	学时	负责学院（部门）	教学内容	教学形式	授课对象	开课学期
必修	职业素质与职业发展：职业素质与核心能力	2	32	思政部/基础部	第一课堂 1.网络平台：职业操守、职业礼仪、安全急救等。 2.课堂教学： ①职业沟通（倾听、说服、技巧、演讲等）； ②团队合作（团队信任、融入团队、团队活动等）； ③职业礼仪（社交、接待、办公、形象）。	讲授、体验、实践等；网络自主学习	三年制	各学院按专业分两批分别在第2学期和第3学期开课
必修	职业素质与职业规划：职业规划与就业创业	1	16	招就中心/创业学院	1.网络平台：职业生涯规划、就业创新创业。 2.课堂教学： ①生涯规划：8学时； ②就业创业：8学时。	讲授、访谈、调查等；网络自主学习	二年制	
							三年制、二年制	
选修	团队管理	1	16	思政部/基础部二级学院	团队的组建与融入、团队冲突处理、团队精神、团队领导与管理等	讲授与集训等	三年制、二年制（必选其一，1学分）	每学期
选修	演讲与口才	1	16		演讲基本知识、演讲稿的撰写、演讲过程与技巧			
选修	职场文书写作	1	16		职场书面表达、职场文书写作			
选修	谈判技巧与实战	1	16		谈判技巧、谈判策略、谈判准备与过程			
选修	职场礼仪训练	1	16		职场社交、接待、形象、办公等方面礼仪			

续 表

第一课堂

课程类别	课程名称	学分	学时	负责学院（部门）	教学内容	教学形式	授课对象	开课学期
选修	职场心理健康	1	16		职场压力、心理困扰与咨询等			
	书写技能训练	1	16		汉字书写基本常识、书写技能			
	其他与专业、岗位相结合的职业素质类课程							
	现代服务业职业素质相关在线课程					网络自主学习	三年制、二年制（必选其一，至少选1学分）	

第二课堂

课程名称	负责单位	主要内容	培养目标	组织形式	活动对象	开课学期
公司制平台职业素质养成	学生处、各二级学院、团委	公司管理与运行类活动、创业教育、军训、社会实践、新生节、社团文化节、技能节等	集中关注责任、诚信、敬业、创新、劳动意识等方面的培养以及安全急救方面的教育与培训	集训、活动、实践、讲座、报告等	三年制、二年制	在校学期

第三课堂

课程名称	负责单位	主要内容	培养目标	组织形式	活动对象	开课学期
现场教学课堂、顶岗实习、创业创新、校外实训等	各二级学院、招就中心/创业学院	技能训练、岗位实践、创业等	责任、诚信、敬业、团队合作、创新精神、交流沟通、社交礼仪、劳动意识等	集训、实践教学、讲座等	三年制、二年制	实践教学全程

123

生成这一结果的过程性环节与要素,如教师的专业水平与指导能力、学生的专业理论基础、技能训练的设施、时长及其组织的有效性等。

"职业素质与职业发展"系列课程是该校五年前开设的一门综合性校本素质类课程,该课程经不断探索,已形成了较为完善的质量保证体系。

在质量支持与标准系统上,学校多次专门发文,从各方面予以系统规定,包括组织管理、制度建设、教学要求等。当前,课程已有稳定的管理体系和教学团队,制度标准完善,课程建设成果丰富,这些为课程质量提供了前提保证。

在质量生成系统上,该课程已形成了较为成熟的"三课堂联动"机制:"第一课堂"由公共课教学部负责,以教材为依托,对规定的教学内容进行系统教学,重在提升认知;"第二课堂"由学生处负责,以系列活动为载体,对学生开展直接或间接的职业综合素质教育培训与养成,如始业教育、社团活动、技能节等,重在体验内化;"第三课堂"由各学院负责,以带徒式培训、校内外实训、顶岗实习等为依托,融入职业综合素质教育,重在实践应用。实践中,本着"三全"育人原则,坚持直接教育与间接融入相结合、日常养成与集中训练相结合、校内校外相结合,已形成一个全方位、立体式的现代服务业职业素质教育培养体系。

质量监控与改进主要由学校质量管理办公室(质管办)负责,质管办组织督导员通过听课、说课及过程评价等全程跟踪教育教学过程,并开展教学评价、课程评价和学生评价,在诊断与评价的基础上,将获取的质量信息及时向教师和相关部门实时或阶段反馈,并跟踪评价改进过程与效果。在监控中,形成了质管办、课程负责人、教师组成的小沟通圈和质管办、教务处、学生处、人事处组成的大沟通圈,两个沟通圈在确保课程质量体系有序、高效运行上发挥了重要协调作用。

此外,个案研究聚焦"三课堂联动"中的"第一课堂",以高职院校课程质量保证体系建设相关理论为指导并结合学校办学实际开展。"第一课堂"是以传统课堂的形式,围绕培养目标、以教材为依托,对规定的教学内容进行系统教学。"第一课堂"作为职业素质教育的主渠道,具有先导性、入门性,旨在使学生掌握职业综合素质方面的基本知识,系统培育学生在责任、诚信、敬业、团队合作、创新创业等方面的素质,提升学生职场通用核心能力。

2.质量支持系统建设与改革

为了确保职业素质类课程教学质量,起支撑与服务作用的质量支持系统建设成为改革的第一步。支持系统建设主要从以下方面开展。

(1) 完善管理体系

按照学校相关文件规定,该校进一步明确了"职业素质与职业发展"系列课程由思政课教学部/基础课(教学)部负责、各二级学院及招就中心/创业学院协助推进的管理体系。在思政部/基础部,该系列课程具体由素质教学部组织实施管理,招就中心/创业学院具体落实系列课程中"职业规划与就业创业"部分的教学与管理,各学院由学院(副)书记落实本学院教学师资与学生管理。管理体系如图 3-3 所示:

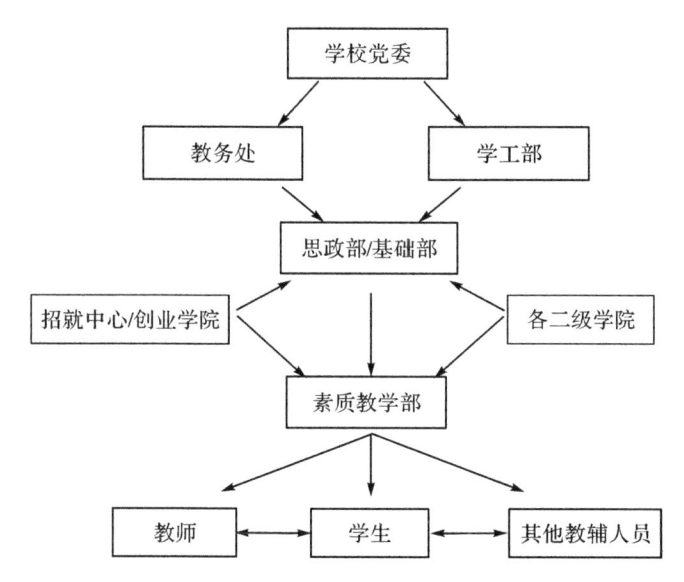

图 3-3 "职业素质与职业发展"系列课程管理体系

在班额的设定上,以行政班为基础合班进行,为了进一步提升课程教学有效性,该校不断压缩班级规模,由原每班平均 130 人缩减至 90 人。为了方便日常教学管理,也为了提升教学质量,原来在学校教务系统外另行实施课程教学管理的安排得到根本改变,实施职业素质类课程普通化,即等同于其他课程,一并纳入教务系统,并对参与教学的教师开展"学评教"。

(2) 推进课程与教材建设

在学校政策的推动与教务处的指导下,自 2017 年起职业素质类课程进入了全面建设阶段,包括课程体系的建立、教学内容的确定、标准体系的创建、教材的编写、慕课与教学平台建设等。

在建设中,该校围绕政策要求与学校及学生实际建立了课程体系,包括一门必修课,即"职业素质与职业发展"(2 或 3 学分);六门选修课(学生必选其一，1学分），即"职场文书写作"、"职场礼仪训练"、"职业心理健康"、"演讲与口才"、"书写技能训练"、"团队领导与管理"；若干门网络公选课（学生必选其一，1学分），如"职业沟通技能"、"创意改变生活"、"品三国，论领导艺术"等。

根据课程培养目标，该校进一步确定必修课程教学内容。总体上，必修内容包含两大块：一是职业素质与核心能力，包括职业操守、职业沟通、职业礼仪、职场安全等模块；二是职业规划与就业创业，包括职业生涯规划、就业指导与创新创业三个模块。在教学内容上，由于三年制为3学分，二年制为2学分，因此，在内容设计上主要内容全覆盖，而三年制的更详细更深入。

课程标准是课程建设的重要环节，是对政策文件的具体化，也是教师开展教学的纲领性文件。围绕相关课程，该校制定了课程标准、整体设计、考核方案等文件，对课程性质定位、理念思路、培养目标、教学内容、教学方法、教学进度安排、课程考核等作了较为详细的规定，为教师开展课堂教学提供指导。

依据培养目标与课程标准，该校开展了教材建设。"职业素质与职业发展"必修课程着重总体把握课程培养方向与课程内容，按模块分为"职业规划"、"职业操守"、"职业沟通"、"职业礼仪"、"就业创业"、"职场安全"等章目，按照"学习目标"、"理论学习"、"能力测评"、"拓展训练"、"案例分析"、"思考讨论"、"单元测验"等确定编写体例。结合网络慕课与平台，该课程教材已出版，已作为新形态教材在教学中应用。选修课新形态教材《职场文书写作》也已出版，其他选修课教材如《职场礼仪训练》、《演讲与口才》、《团队领导与管理》、《职场心理健康》等也在编写中。系列教材的出版不仅为师生提供了教学依据，也有效地保证了课程质量。

"职业素质与职业发展"校本慕课已完成并在多个平台上面向校内外学习者开放运行，到目前共有校外学习者1万余人参加学习，2018年该慕课被立项为省精品在线开放课程建设项目。

(3) 建设师资队伍

考虑到该课程尚未有对应的大学专业，也就没有专门的师资。因此，承担本课程教学任务的教师由以下人员组成：校内具有思政类、人文类课程教师资格的教师；校内长期担任学生工作的中层领导或教辅人员；校内曾长期担任该课程的其他专业教师；校外企业中有一定教学能力且师德师风良好的中层管理人员或优秀员工。上述任课教师应具备良好的信息化教学能力与良好的师德师风。

课程教学基本按照模块进行，而且班级多，因此参与教学的教师也多。

按照上述要求,该校在各二级学院的积极支持下从全校范围内进行教师遴选,参与必修课教学的老师主要包括思政类教师、专业课教师、教辅人员、中层领导和外聘教师等,几期下来,教师队伍基本稳定,每期总数40—50人。开展教师培训是确保教学质量的重要环节,针对教学内容变更、教学方法创新、新教师参与等情况,定期或不定期开展教师校内培训,每年选派3—5位教师参与省级培训。为了激发教师参与课程教学的积极性,课程组建立了教师教学效果考核机制。

教学团队规模大,意味着参与的教师多,但每位教师完成的工作量少,且带来管理上的不便,也会影响到教学质量。考虑到这些,同时也为了进一步稳定教师队伍,该校尝试着打通模块安排教学任务,即一位教师承担多个模块的教学工作,利用校企合作机制积极引进企业人员参与教学工作,这一改革正在推进,效果良好。

课堂选修课的教学团队主要由有过类似课程教学经历的专任教师组成,完成全校学生必选系列课程1个学分的教学工作量,每班人数约60人,进展顺利,效果良好。网络必选系列课程由思政部/基础部从各大网络平台甄选数门课程并供学生选修,由各网络课程负责教师管理,多为校外教师开设。

3.质量标准系统建设与改革

创建质量标准是质量保证的关键环节,质量标准含课程管理相关制度、教学目标和标准等,本项目改革涉及的最直接的质量标准建设主要是培养目标与课程标准,其他为全校共享性标准,如课程管理相关制度等。以下为该校"职业素质与职业发展"必修课程标准。

"职业素质与职业发展"课程标准

所属学院:思政部/基础部　　适用专业:全校各专业
课程编号:050A18E/F　　　　课程性质:必修课
课程类型:通识平台
课时:48　　　学分:3

1.课程性质与任务

"职业素质与职业发展"是全校各专业必修的一门素质教育类课程。在人才培养体系上,该课程是思想政治道德教育类课程和人文素质教育类课程的延伸,又与各专业类课程紧密衔接;在开展素质教育上,与思想政治道德素质教育、人文素质教育和专业岗位素质教育一起,构成了"高素质"人才培养的重要阵地。该课程从现代服务业职场的现实需要出发,前瞻性地着力培养学生的职业综合素质与核心能力,全面提升学生未来职场竞争力,以实现职业长足发展。

2. 课程培养目标

"职业素质与职业发展"从职场的现实需要出发,前瞻性地着力培养学生的职业综合素质与核心能力,包括职业生涯规划能力、创新创业能力、交流沟通能力,使学生具备责任、诚信、敬业与合作精神,并能展示出优雅的职场形象,全面提升学生未来的职场竞争力,实现职业发展。课程主要培养目标如下:

2.1 知识目标

①了解职业规划的基本知识,掌握认识社会与自我的基本方法;

②理解责任、诚信、敬业与团队合作的内涵、要求等基本知识;

③了解职场沟通的相关知识,掌握沟通技巧,特别是倾听、说服、拒绝、演讲等;

④理解职场礼仪的相关知识,掌握形象、社交、接待、办公等方面礼仪的基本要领;

⑤理解就业、创业过程中的基本常识,掌握创新创业精神的内涵与要求;

2.2 能力目标

①基于对自我与社会的认知,能制定出可行且有效的生涯发展规划;

②能在职场中开展有效沟通,形成良好的人际关系,全面提升职场沟通能力;

③能熟练应用礼仪技能,在职场中展示出优雅、得体的形象;

④能结合岗位实际准确分析自身创业的条件,在一定情境下能制作出合理的创业规划。

2.3 素质目标

①根据生涯规划,增强主动挖掘自身潜力、提高自身素质的意识。

②养成责任意识、诚信品质、敬业与团队合作精神,自觉规范自身行为,提升职业道德;

③在沟通中养成尊重、理解、宽容、谨慎、谦虚等品质;

④在创业中体现出果敢、担当、勇于挑战等品质与创新精神；

⑤养成正确的、积极向上的人生观，树立社会主义核心价值观。

3. 设计思路

3.1 开设依据

①高职教育人才培养目标定位于高素质技术技能应用型人才，其中"高素质"目标不仅有赖于思政类、人文类课程，也有赖于建基其上的职业素质教育，特别是对于高职高专学生。职场中用人单位近年来的反馈也表明，诸如责任、诚信、敬业等职业素质以及沟通、礼仪等核心能力甚至比掌握良好专业技能更重要。

②对"素质"的强调见于国家及教育行政部门诸多政策文件，如《关于全面提高高等职业教育教学质量的若干意见》就明确指出：要高度重视学生的职业道德教育和法制教育，重视培养学生的诚信品质、敬业精神和责任意识、遵纪守法意识，培养出一批高素质的技能性人才。教育学生树立终身学习理念，提高学习能力，学会交流沟通和团队协作，提高学生的实践能力、创造能力、就业能力和创业能力，培养德智体美全面发展的社会主义建设者和接班人。

③宁波某学院自2009年起在人才培养过程中融入了职业素质教育，经过十年的探索与实践，从2015年起在人才培养中构建了基于现代服务业的大学生职业素质养成教育体系，实践中，本着"三全育人"原则，坚持直接教育与间接融入相结合、日常养成与集中训练相结合、校内校外相结合，积极实施"三课堂联动"机制，即第一课堂的传统教学、第二课堂的日常养成与第三课堂的实践历练三者紧密衔接，形成一个全方位、立体式的现代服务业职业素质教育培养体系。"职业素质与职业发展"是该体系"第一课堂"中的一门核心课程。

3.2 设计理念

①德育为先。坚持课程思政理念，把立德树人作为职业素质养成教育的根本任务，将社会主义核心价值体系融入课程育人的全过程。加强学生思想政治教育和道德教育，做到润物细无声，提升人才培养的第一质量。

②全面发展。着眼现实，立足职场，在人才培养上最大程度满足用人单位的需要，真正解决专业技能强而综合素质低、懂技术却

不会做人的尴尬问题,切实提升学生在职场中的综合素质与核心能力,培养全面发展的现代服务业优秀人才。

③第一课堂。实施职业素质教育必须贯彻"三课堂联动"原则,即课堂教学、课外活动和实习实训三课堂有机结合、相互贯穿、有序推进、相互衔接。其中,第一课堂是素质教育体系的重要抓手,是根基,通过课堂教学使学生对职业素质教育有个整体的认知,掌握相关知识,同时培养学生沟通、合作、礼仪等方面能力。抓好第一课堂是关键,是前提。

④必须够用。本着"必须、够用"的原则,切实解决课时有限而学习无限的矛盾,从职场的现实需要出发,精准筛选确定学生应掌握的职场知识、能力以及应具备的职业素质,对院校中开设的类似课程,采取"多合一"的形式加以统整,确保精简、高效。

⑤理论与实践相结合。理论知识学习是前提,是提升素质与能力的保障。但更重要的是实践,只有践行、体验,知识才能得以内化、强化,并养成素质。在呈现理论的同时,密切联系生活、联系职场,积极融入岗位语境,确保素质养成目标的达成。

3.3 内容编排

本着上述理念,本课程总体上分为两大模块:一是职业规划与就业创业,24学时;二是职业素质与核心能力,24学时。前者聚焦于生涯发展、就业指导与创新创业,后者聚焦于职业通用素质包括责任、诚信、敬业、团队合作等以及职场核心能力如沟通、礼仪等方面能力。

在具体教学中,依次包括以下内容:理论知识、能力测评、拓展活动、案例讨论、思考讨论以及单元测试等,试图做到理论与实践相结合、知识习得与能力、素质提升相统一。

4. 课程内容、要求及教学设计

根据课程培养目标、教学任务与内容等,课程设计与要求如下表:

课程设计与要求

课程模块	单元名称	教学任务	知识、能力、素质要求	教学设计建议	建议课时
职业规划与就业创业	职业规划	1. 认识自我 2. 探索工作 3. 目标决策 4. 行动规划	知识目标： 掌握认识自我与认识社会的基本方法； 了解职业环境分析的基本内容及其对个人能力的要求； 了解生涯决策的影响因素及相关决策理论； 掌握职业生涯规划书的撰写方法。 能力目标： 能应用测评工具进行准确的自我认知； 能使用多种方法与策略获取职业信息； 能利用决策平衡单制定个人行动计划； 能基于准确认知制定可行的生涯规划。 素质目标： 树立正确认识自我的意识与客观认识社会的态度； 树立正确的人生观与价值观，养成积极进取的学习态度； 培养学生将自我发展融入国家发展的意识。	1. 以任务驱动完成各项学习任务 2. 教学、咨询、竞赛指导"三位一体"	12
	就业指导	1. 就业形势与政策； 2. 求职简历、求职技巧； 3. 就业相关法律	知识目标： 了解当前大学生就业形势，熟悉就业相关制度和政策； 了解就业方面的法律知识及合法权益。 能力目标： 1. 能收集就业相关信息并制作个人简历； 2. 能应用法律保护就业权益。 素质目标： 培养脚踏实地、甘愿从基层做起的就业意识； 树立将自己的职业人生积极融入社会发展的职业理想，立志为中华民族伟大复兴贡献力量。	1. 立足学生专业和当前职场实际 2. 注意理论教学与拓展训练相结合	6

续　表

课程模块	单元名称	教学任务	知识、能力、素质要求	教学设计建议	建议课时
职业规划与就业创业	创新创业	1.创新精神； 2.创业及创业计划书； 3.创业流程	知识目标： 掌握创新精神的内涵与要求； 理解创业的基本知识，熟悉开办企业的流程，了解中小企业组织形式。 能力目标： 能结合岗位和自身条件，制作出可行的创业计划书。 素质目标： 树立创新意识，培养创新精神，具有果敢、担当、勇于挑战等品质。	1.以任务驱动完成各项学习任务 2.教学、咨询、竞赛指导"三位一体" 3.立足学生专业和当前职场实际	6
	职业操守	1.责任； 2.诚信； 3.敬业； 4.团队合作	知识目标： 理解责任、诚信、敬业、团队合作等基本概念、意义与要求。 能力目标： 能有效融入团队并开展合作。 素质目标： 1.培养责任意识、诚信品质与敬业和团队合作精神； 2.树立敬业、诚信等社会主义核心价值观，不断提升职业道德水平。	利用案例教学法、活动体验法，加深领悟，以养成素质	10
	职业沟通	1.概述； 2.倾听； 3.说服与拒绝； 4.沟通技巧； 5.工作沟通； 6.演讲	知识目标： 掌握倾听、说服、拒绝、演讲的相关知识、基本原则与技巧。 能力目标： 能运用沟通技巧积极开展有效沟通； 会撰写演讲稿并能自信地完成一次颇有效果的公开演讲。 素质目标： 养成谦虚、谨慎、真诚、助人、合礼、正义、守责、宽容等职业品质。	1.利用案例和活动加强操练体验； 2.以任务驱动完成演讲的教学	8
	职业礼仪	1.形象礼仪； 2.社交礼仪； 3.接待礼仪； 4.办公礼仪	知识目标： 掌握形象、社交、办公、接待等方面的礼仪规范。 能力目标： 能遵循礼仪规范，在穿戴、称呼、握手、乘车、餐饮、馈赠、接待等方面展示出优雅、得体的形象。 素质目标： 培养尊重、平等等礼仪品质，自觉提升职场修养，积极传承中华礼仪文化。	以网络自主学习为主	6

5.课程实施建议

5.1 教材建议

使用教材《职业素质与职业发展》(浙大出版社,×××等编)。该教材为新形态教材,使用时注意:充分利用教材中插入的拓展知识、能力测评以及拓展活动等,创新教学方法、丰富教学组织形式;利用插入的授课视频,开展混合式教学;教学中积累更多更好的教学资源,为教材修订做好准备。

5.2 任课教师建议

考虑到该课程尚未有对应的大学专业,也就没有专门的这类课程的师资。因此,承担本课程教学任务的教师可由以下人员组成:

①校内具有思政类、人文类课程教师资格的教师。

②校内长期担任学生工作的中层领导或教辅人员。

③校内曾长期担任该课程的其他专业教师。

④校外企业中有一定教学能力且师德师风良好的中层管理人员或优秀员工。

上述教师应具备良好的信息化教学能力与良好的师德师风。

5.3 教学方法建议

①创新教学方法与组织形式,着力提升教学质量。积极创新课堂教学方法,广泛开展项目教学、案例教学、示范教学、调查访谈、成果展示、体验训练、任务驱动等,坚持个人、团队与集体相结合,丰富教学组织形式,让课堂"活"起来,让学生"动"起来,提升课堂教学质量。

②坚持线上线下相结合的原则。利用现代信息技术,借助网络教学平台与新形态教材积极开展混合式教学,形成课前自主学习授课视频领悟知识、课堂开展各类活动内化知识、课后拓展学习与练习深化知识并养成素质的教学模式,努力实现课程培养目标。

③坚持理论联系实际,知识、能力与素质全面发展。在理论教学中,紧扣职场实际,密切联系生活、联系岗位,积极融入岗位语境,将理论融入实践之中。掌握职场相关知识是提升核心能力、养成素质的前提,能力与素质是教学与训练的重点,确保三者有机融合,协调推进。

5.4 教学评价建议

5.4.1 考核原则

①过程性评价与终结性评价相结合。加强课程教学过程性评价，包括网络学习过程与课堂教学过程。网络考核包括教学视频的观看、配套练习的完成、参与社区讨论互动、完成相关作业与实践活动等；课堂考核过程主要包括课堂参与互动情况、团队合作情况、课堂纪律考勤表现等。终结性评价主要评价学生最终的学习结果，主要通过大作业、考试与实践操作展示等形式完成。

②网络评价与课堂评价相结合。利用信息技术，在网络学习中通过平台自动评分系统对学习情况进行评价；同时对部分主观试题通过学生互评或教师评阅完成。课堂评价主要考察学生对知识的巩固、内化以及能力与素质表现情况。

③知识考核与素质、能力考核相结合。知识考核主要考察学生对相关基本知识的掌握情况，主要通过网络平台完成；素质与能力考核主要通过课堂教学过程观察与期末考核实现。三者共同兼顾，能力与素质是考察的重点。

5.4.2 考核项目与成绩构成

结合教学内容，根据考核原则，本课程具体考核分三块进行，一是网络学习，二是职业规划与就业创业，三是职业素质与核心能力，所占比重分别为20%、40%和40%，具体要求建议如下：

考核领域	网络学习（20%）				职业规划与就业创业（40%）			职业素质与核心能力（40%）		
考核项目	学习视频	测验	讨论	作业	职业规划	就业指导	创新创业	职业操守	职业沟通	职业礼仪
所占比例	10	5	3	2	20	10	10	15	15	10

说明：1.职业规划与就业创业模块期末考核主要以大作业的形式进行，即撰写职业生涯规划书和(或)创业计划书；2.职业素质与核心能力模块期末考核主要以活动展示为主，综合考察学生素质与能力；3.具体考核内容任课教师可灵活掌握；4.网络学习成绩必须及格于网络课程总分，及格则按20%计入课程总分，不及格则整门课程不及格。

5.5 课程资源的开发与利用

新形态教材已出版，网络教学平台已建成，在教学中建议高效应用现代信息技术和教学资源，发挥平台的功能，紧紧围绕课程教学目标，创新教学形态与教学方法，创新丰富课堂教学活动，开展线上线下混合式教学,坚持以学为中心,发挥学生能动性,提高学生学习能力。根据教学需要,建议积累更多更有教育意义且适切的教学资源,为课程改革与教材修订作好准备。

5.6 课程诊改建议

教学中应及时进行教学反思,为提高教学质量不断改进、创新教学方式、方法与模式;定期开展学生获得感调查或学生座谈,及时了解教学中存在的问题并不断改进;及时了解并反馈学生网络任务完成情况,积极开展师生互动,督促学生及时跟进。

6.其他说明

本《标准》将随着教学实践的开展定期进行修订。

职业素质类选修课程是对必修课程的补充与拓展,这类课程（如"职场礼仪训练"、"团队领导与管理"等）的课程标准则紧扣必修课程培养目标,都旨在使学生掌握适用于未来职场的共性知识,系统培育学生在礼仪、沟通等方面的素质与能力,提升学生职场综合素质,确保职业生涯长足发展。

4.质量生成系统建设与改革

课程质量生成系统聚焦于课堂教学,课程质量高低不仅有赖于诸多前提条件,更有赖于教师的教和学生的学,课程教学质量在很大程度上决定了课程质量。因此,课程质量保证工作也必须将课堂教学作为重点。根据前文所述,高职院校课程有三个特性:一是适应性,即课程内容要适应社会经济的发展与工作岗位的实际需要;二是应用性,即通过教学确保学生在工作场所能动手、会操作;三是实效性,即教学的最终效果是确保学生能就业、受欢迎。确保课程具有这三个特性,就在很大程度上确保了课程质量。以下从课程的三个特性对素质类课程的教学内容、教学方法和教学模式等方面的建设与改革作些分析。

从适应性上看,职业素质系列课程都是从职场的实际出发,根据学生专业特点及用人单位的反馈,前瞻性地着力培养职场核心能力与综合素质。高职学生不仅要有过硬的专业知识、技能与良好的岗位素质,更要有适应职场生态的职业素质,如责任、诚信、敬业、团队合作等,还应掌握职场生存方面的知识与能力,包括沟通、礼仪、生涯规划、就业创业等。而这些职业素质、职场知识与能力,才是决定职场竞争力与职业发展的核心,也是高职院校人才培养的"第一质量"所在。该系列课程正是基于这一认识确定了课程内容体系，包括责任、诚信、敬业、合作等方面的素质培养内容，沟通、演讲、领导、写作、书写等方面的技能/能力培养内容。这些课程内容的选择与教学实施极大地保证了职业素质系列课程目标的正确与系列课程的质量。

从应用性上看，职业素质系列课程积极创新教学方法与教学模式，做足"教"的功课，以"学"为中心，确保学生切实掌握职场核心能力，养成职业素质。

在教学方法上，在坚持理论联系实际的基础上，广泛采用以下几种：讲授法，讲解基本知识；案例法，围绕职场案例开展讨论；演示法，就基本技能进行演示教学；情景体验法，在设计好的职场情境中进行操练；任务驱动法，布置团队任务、完成课内外练习任务等。方法设计的根本原则是紧贴学生、紧贴职场，让学生动起来、练起来，在掌握知识的基础上积极应用于实践，在实践应用过程中养成素质。

在教学模式上，职业素质类课程——特别是"职业素质与职业发展"、"职场礼仪训练"、"职场文书写作"——积极引进信息技术，运用网络慕课平台开展翻转课堂教学，课前学生自主完成网络平台学习任务，包括学习授课视频和阅读材料，完成单元测验并参与主题讨论；回到课堂，复习网络学习内容，进一步展开讨论，拓展教学内容，开展体验活动等。

系列课程紧紧围绕教学目标，打造了一个全过程、立体式教学空间，从课前学习教学视频的深刻领悟，到课堂以新形态教材为载体的教学内化，再到课堂拓展训练等，一切以"学"为中心，积极创建自主学习机制。一是任务驱动、自我激励的动力机制。学生围绕单元学习目标，依次完成各项学习任务。通过平台评价功能、教师点评、学习成果的及时反馈等，有效激发学生自觉、认真投入学习。二是过程监控、技术支撑的质保机制。教师借助信息技术对学生实时监控，发现问题后及时交流并有效解决。三是加强互动、紧贴现实的达标机制。教师在教学内容中积极引入职场生态，紧贴现实，积极引导学生开展讨论互动，让学生潜移默化地养成职业素质，提升职场技能（能力）。

在实效性上，高职学生毕业后能就业、受欢迎，是诸多课程以及学校教育和管理共同产生的效果。因此说高职课程的实效性也是从整体上讲的；而就职业素质系列课程来说，它的实际效果具有滞后性，特别是在责任、诚信、敬业等素质方面。此外，学生的学习效果一方面体现在毕业就业上，另一方面则体现在课程学习成绩及在校表现上。关于课程学习成绩将在下一部分作分析，此处仅就可能归因于该系列课程的成效作些概括性陈述。几年来，伴随着该校对职业素质培养的关注，整个学校校风、校纪有了较大改进，学生精神风貌、文明礼仪有了较大提升，校园文明建设成果突出，在演讲、诵读、书法等方面的校外比赛中成绩显著，该校一直保持高水平的毕业生就业率，毕业生深受用人单位好评。

5.质量监控系统建设与改革

课程质量监控即对课程实施过程进行监督控制，以发现问题及时改进，监控主要通过诊断与评价进行，含过程阶段性监控与结果终结性监控。监控主要是对课程、教师和学生三者进行。

课程监控即对课程进行评价，一般是终结性评价，即事后评价。广义的课程评价还包括对教师、学生以及教学结果的评价，此处仅就狭义的角度讨论对课程自身情况进行的评价，包括课程计划、课程实施和课程结果三个维度，具体评价体系见表 3-9。

表 3-9 课程质量监控系统——课程评价指标体系

评价领域	评价项目	评价内容	评价方式
课程计划	课程定位	1.课程设置合乎政策文件需求度；2.课程对学生就业与职业发展的预期价值；3.课程在整个课程体系中的相对独立性；4.课程性质定位与学分学时设计的合理性。	通过查阅、研判相关材料完成
	课程标准	1.课程目标与人才培养目标的契合度；2.课程目标阐述合理性与指导性；3.课程标准在达成课程目标上的程度；4.课程标准的可行性与操作性。	
	课程内容	1.课程内容与课程目标、标准的契合度；2.课程内容在社会经济及工作岗位上的适应性；3.课程内容体系的完整性；4.课程内容于高职学生的针对性。	
课程实施	课程运行	1.课程管理有序、运行平稳；2.学分学时及班额设定合理性；3.任课教师满足教学需要情况。	通过研讨完成
	教材选择	1.教材的思想意识形态情况；2.教材内容与课程内容的契合度；3.教材体例设计的合理性及其应用指导性；4.教材在教学中的必备性。	通过对教材分析完成
	教学设计	1.教师对课程目标与标准的领悟与把握；2.教学策略与方法的合理性与有效性；3.教学设计的可行性与课程目标的预期达成情况。	通过教师说课等方式完成

续　表

评价领域	评价项目	评价内容	评价方式
课程结果	教师评价	1.教师对课程开设价值的认可度；2.教师对课程运行管理的满意度；3.教师参与课程教学的积极性。	通过师生网络问卷完成
	教师发展	1.教师获得培训学习的比例；2.教师获得各类荣誉奖励等情况；3.教师获得教学和科研成果。	
	学生评价	1.学生对课程开设价值的认可度；2.学生参与课程学习的积极性；3.学生参与课程学习的获得感。	
	学生成长	1.学生在思想政治人文等方面素质养成情况；2.学生获得的荣誉表彰等情况；3.学生在相关知识与能力上的掌握情况。	

该评价体系既可用于课程组对课程进行自我评价，也可用于院校督导对课程进行质量评价，以及时发现问题、进行改进，保证课程质量。

课程质量监控系统中的教师评价，主要是指围绕教师开展的过程性教学质量监控与终结性教学效果考核。当前，针对教师的终结性教学效果评价在各院校都有较为成熟的评价系统，包括学评教、督导评教、教学管理等，在此不再赘述。针对教师开展的过程性教学质量监控，主要从"教"的角度对教师进行评价，从而确保课程质量处于较高水平。"教"的评价主要包括教学理念、教学方法与手段、教学过程、教学组织形式与策略、教学效果等。

课程质量监控系统中的学业评价，主要是指围绕学生开展的过程性教学质量监控与终结性学习效果考核。课程终结性学习效果考核已有明确的考核方案，见相应课程标准；针对学生的过程性教学质量监控旨在及时发现学生学习中的问题，即时预警，主要从日常学习表现等方面着手。

在学生的职业素质养成过程中，如何做到"三课堂联动"，如何检验其效果，如何坚持"三全"育人原则等，这是课程质量保证过程中必须要考虑的问题。建立以学生学习结果为导向的多元、立体、即时考核评价体系，以此统领"三课堂"与"三全"育人，或许是一个有效的策略。这样的评价多方参与，含任课教师、班主任、辅导员、班干部、家长、后勤人员、社会人员等；这样的评价立体考察，含课堂、校园、寝室、校外、家庭等；这样的评价必须建立网络考核平台，以便多方及时考核学生，自学生入学到毕业的整个过程，所有评价者即时发现,即时记录,动态监督。因此,开展这样的评价,为院校人才培养树立了一个明确的目标,也为学生确立了学习目标,促进学生处处时时警醒自己,以使潜移默化,养成良好的学习习惯。

总体而言,围绕课程开展的教师与学生的终结性考核评价,在各院校都有较为成熟的机制,此处就过程性质量监控作进一步分析。相对来说,在质量控制上,课程过程监控比终结性评价更重要,因为大多课程开课周期都为一学期,期末进行事后评价在质量监控上的意义明显逊于过程监控。考虑到这些,此处设计了课程质量系统过程监控体系(见表3-10),以应用于实践。

表3-10 课程质量控制系统——教学过程质控体系

质控领域	质控项目	质控点	质控方式
教师教	同行评教	1.课堂纪律与秩序;2.学生的整体表现与参与度;3.教学目标与课程目标的契合度与达成度;4.教学环节设置及方法的运用合理性与有效性;5.教学组织形式设计的合理性与有效性;6.信息技术应用的合理性与有效性;7.教学重难点的定位与突破。	由同行或督导对教师随堂听课,结果反馈给教师。
教师教	学生评教	1.总体上个人的学习获得感;2.总体上个人认真参与听讲的意愿度;3.教师语言表达清晰具体、生动形象;4.教师讲解、演示等透彻、易懂。	学生座谈或问卷,结果反馈给教师。
学生学	课堂表现	1.学生课堂纪律遵守情况;2.学生学习投入度;3.学生参与互动、问答等的活跃度。	教师对学生进行评价,结果反馈给学生。
学生学	课程作业	1.课堂作业任务完成情况;2.课外作业任务完成情况(含网络平台任务);3.其他作业任务。	教师对学生进行评价,结果反馈给学生。
学生学	课堂出勤	学生迟到与缺勤。	教师对学生进行评价,结果反馈给学生。

过程监控相对简单且易操作,以短、平、快的机制保证课程质量;事后评价则较为全面、系统,为整个保证机制改进提供有价值的信息。

6.质量改进系统建设与改革

质量改进系统是质量监控系统的延伸与补充,在这一环节,对监控中发现的问题进行确认、分析、反馈并改进成为重点工作。问题确认即对发现的问题进行界定,是偶然的还是必然的、其严重程度如何、是否普遍存在等;问题分析即对问题的成因、涉及的人员或部门、后续影响、解决对策等进行分析;问题反馈即将问题分析情况向个人或部门反馈,并提出改进意见,如果问题是连锁的,还必须进一步追溯;问题改进即个人或部门结合实际情况作进一步分析并切实改进,必要时应会同相关方共同解决,见表 3-11。

表 3-11 课程质量改进系统问题清单报表

序号	问题	问题性质(普遍性、严重性、频率、影响)	问题成因	所涉部门或人员	建议对策	问题解决层级

问题改进机制由两个循环组成,依据问题的性质、解决难易程度以及涉及方与涉及面等决定问题交由高层循环改进还是由基层循环改进。高层循环由教务处、学工部、质管办、人事处、校建处组成,基层循环则由课程负责人、专业主任、院级督导、教师组成。当问题发现后,首先反馈给以课程负责人为中心的基层循环进行研究分析、诊断讨论,填写《问题清单报表》,如果问题能在基层循环解决,则即时进行改进,如基层解决不了或涉及更大更高管理层面,则问题交由以教务处为中心的高层循环协商沟通、诊断分析,并决定解决问题路径及对策。问题改进去向即问题经高层循环或基层循环认定协商后由所涉部门或人员最终改进的路径。问题反馈给改进部门并进行改进后,必须再次进入评价环节,并纳入部门或个人考核体系。课程质量保证体系问题改进机制如图 3-4 所示:

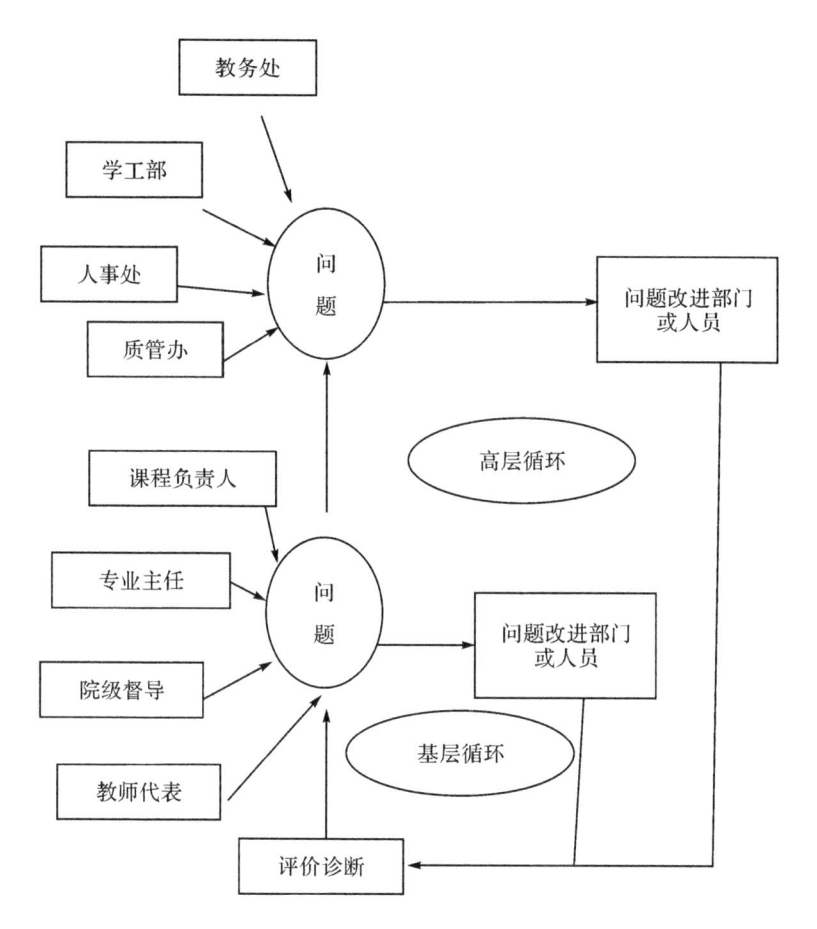

图 3-4 课程质量保证体系问题改进机制

7.个案研究结语

随着经济的飞速发展,社会竞争日益激烈,用人单位对人才质量——特别是第一质量——的高素质诉求日益强烈。外在因素倒逼高职院校不断优化人才培养过程,建立人才培养质量保证体系。课程是承担人才培养的重要载体,课程质量保证体系成为人才培养质量体系中的重要环节。因此,长远来看,高职院校实施素质教育,对素质教育类课程进行建设与改革将会继续推进,不会止步,只会增强,不会减弱。唯有如此,才能确保人才培养质量,才能有效呼应用人单位的合理诉求。

职业素质类课程是所有课程中的一类,课程质量保证体系又隶属于整个人才培养质量保证体系,整体系统推进,才有效率,才有成果。在院校管理中，职业素质类课程同其他课程一起纳入课程质量保证体系，按管理进度分阶段逐步推进；同时，在课程质量保证体系运行过程中，其他保证体系如专业质量保证体系等也在一同运转。只有在院校同一政策制度框架下，在整个质量保证体系运行过程中，课程——包括职业素质类课程——质量保证体系的运行才能维持高效率并产生切实效果。脱离整体环境单纯讨论职业素质类课程质量保证，其实践意义会大打折扣，此处开展的个案研究将对其他类课程在质量保证上有一定借鉴意义。

第四章 产教融合改革创新

加快推进产教融合、校企合作是推进人才供给侧结构性改革、培养高素质劳动者和技能型人才、以人才发展引领产业转型升级、培育经济发展新动能的重大举措。针对多年来我国产教融合、校企合作中存在的诸多问题,党中央、国务院及各部委近年来陆续出台了多个相关文件,以期破解制约产教融合、校企合作的瓶颈因素,这些文件包括《关于深化产教融合的若干意见》《职业学校校企合作促进办法》《关于征集培育一批产教融合型企业的公告》《国家职业教育改革实施方案》《建设产教融合型企业实施办法(试行)》等。这一系列文件为深入、有效推进产教融合、校企合作提供了强大动力与根本保障,特别是产教融合型企业与城市的认定与培育,可谓是在推进举措上的重大创新。然而,这些政策文件要付诸实践,还有待进一步细化完善,一些问题有待进一步明确,如建设培育内容、程序与标准、认定内容、激励政策、实施细则等。本章从文献、政策研究入手,结合我国实际,就产教融合型企业和城市培育建设和评价认定等作些探讨。

一、产教融合中企业的困境与出路

(一)企业参与产教融合的困境与出路

1. 企业参与产教融合的意义与动因

企业为什么应该参与产教融合,开展校企合作? 对社会、院校及它们自身而言,意义与动力有哪些? 对此许多研究者开展了角度不同的探讨。

霍丽娟等在大量调查研究基础上,得出如下结论:企业参与合作教育的动因首先是追求人才素质的提高,然后是技术资源提升和知识整合、短期利益,在人才培养中追求文化融合,最后才是聘用计划。反映了企业参与的目的首先是企业自身核心竞争优势的提升,然后是短期的眼前利益,最后考虑的是聘用计划,满足院校的合作目标。①

聂伟集中探讨了企业参与校企合作的责任、权利与利益。在其论述中引入公民理论,遵照"公民是权利与责任统一体"的分析框架,论证了企业具有社会责任,而职业教育属于社会现象之一,所以,企业也有一定的职业教育责任。在纵向历史追踪以及横向国际比较后,认为企业应承担的教育责任有参与学校招生、课程内容制定、教学专业设置以及学生的考核评价等。②

陶泱霖认为,企业参与职业教育校企合作的动因有四。首先是企业战略发展需要——企业储备人力资源的现实选择。其次是企业情感归属使然——企业的社会责任与教育情感的展现,作为人格化的主体,企业的行为逻辑除了符合"理性经济人"的特征以外,还具有明显的"自然人"特征。企业家通常除了追求成功和财富以外,还有着追求自我价值实现和造福社会的动机。再次,外部政治力量的推动——国家法律和行政的压力与引导。最后是国情发展的促动——适应产业转型升级的必由之路,当前综合性高素质人才的培养以及传统产业转型升级、新兴产业加快发展要求校企加强合作。③

综上所述,从企业的角度而言,参与产教融合、校企合作的意义及动因主要有五:一是满足自身对人力资源特别是优秀人才的需求;二是满足自身对科技创新并实现长远发展的需要;三是适应经济发展形势,实现产业转型升级的需要;四是履行自身社会责任,获得良好企业形象的需要;五是遵守国家相关法律法规,做合格"公民"的需要;六是院校培养优秀人才的需要等。

2. 企业参与产教融合的阻力与风险

企业参与产教融合、校企合作固然有诸多动力在发挥着激励作用,但与此同时,却又有许多阻力与风险,影响着企业参与校企合作的积极性。

刘春艳等认为,宏观调控和政策引导不明确,信息不对称,制度环境、产权环境以及相关配套法律法规不完善,资金和资源投入以及引导、监督、规范发挥不了相应的作用,加之信任机制和产教融合组织方式等"政府失效"、

---

① 霍丽娟,等.企业参与校企合作的意愿调查与分析——以河北省企业为例[J].职业技术教育,2009(34):35-39.

② 聂伟.论企业的职业教育责任——基于企业公民视角的校企合作研究[D].天津:天津大学,2013.

③ 陶泱霖.企业参与职业教育校企合作的动因、冲突结构与消弭之策[J].教育与职业,2018(23):31-37.

"市场失效"的种种问题,使得企业权益在职业教育产教融合中受到严重影响和损害,进而导致企业与职业院校融合度不高,甚至使得职业教育产教融合流于形式。从另一个角度看,企业在合作教育中承担着一定风险——包括决策风险、道德风险、技术风险、利益分配风险、管理风险等,也导致企业合作的积极性不高。①

程培塈等从企业目标和本质出发,以人力资本理论为基础,应用成本和收益理论来分析影响企业参与合作教育积极性的主要因素。企业作为微观经济主体,其一切行为服从于经济利益最大化这一目标。因而在校企合作中,企业的决策行为应用成本和收益理论分析是合适的。在此基础上,他们认为影响企业决策的不确定因素主要有:合作培养学生的流失度、合作培养有效性的不确定性,以及合作院校合作行为的不确定性等。②

赵海婷认为,影响企业参与校企合作的障碍主要包括:企业对参与校企合作的认识不到位;校企合作中企业经济利益无法保证;校企合作的政策支持体系不完善;校企合作的法律保障体系不健全;校企合作中介机构与合作机制不健全等。③ 林丽超等认为,处于不同成长阶段的企业参与产教融合存在不同的需求侧重点,但总体上看,企业参与合作的动力不足的原因主要在于:供需失衡,企业内生动力之匮乏;激励政策未能系统落实,企业基础需求难以保障;科研合作缺少共建模式,企业营利需求难以实现;合作育人缺乏长效机制,企业发展需求难以满足等。④

也有研究者从产教融合、校企合作的整个背景与运行的视角探讨阻碍企业合作积极性。陈刚从合作机制上切入,认为给企业造成障碍的主要因素有:顶层设计缺乏,政策法规不健全;行业指导不足,协调监管不到位;校企难以双赢,内生动力不足等。⑤ 李先跃从校、企、生三者之间利益博弈的角度分析了企业合作积极性不足的原因:合作信息不对称;合作价值目标不一

---

① 刘春艳,聂劲松.职业教育产教融合中的企业权益及其影响机理[J].职教论坛,2017(13):36-40.
② 程培塈,顾金峰.校企合作的企业决策模型——基于成本和收益的理论分析[J].高教探索,2012(05):117-123.
③ 赵海婷.企业参与职业教育校企合作的动因、障碍及促进政策研究[J].职教论坛,2016(09):46-50.
④ 林丽超,陈兴明.如何激发企业产教融合的内生动力[J].中国高校科技,2019(7):71-74.
⑤ 陈刚.产教融合视域下校企合作机制构建探讨[J]:职教论坛,2017(31):60-62.

致;合作中权利义务不对等。① 修南在调查研究基础上指出,企业参与产教融合的意愿较为强烈,但法规和政策的不完善、行业组织的不作为、职业院校的条件不允许等原因使企业有所顾虑,造成产教融合不能深入的问题。合作中利益不同、体制缺失、机制失效、吸引力不足等直接造成当前企业深化产教融合的困境。② 沈剑光等在大量调查基础上,分析了企业参与校企合作的影响因素,包括职业院校合作效能低下,职业院校在人才培养过程中的态度、能力、质量、效率等无法满足企业需求,致使校企合作的美好愿望无法顺利实现;企业内部障碍因素较多,主要包括人力资源、经营管理、风险承担等;政府政策力度不足、落地困难;社会、法律、行业等因素也造成一定影响。③

企业参与产教融合、校企合作既有动力,同时也有多方阻力与风险。综合而言,一是政府及行业等机构不作为,制度不明,监管不力;二是政策支持体系不完善,法律保障体系不健全;三是缺乏顶层设计,体制机制不健全,运行不畅;四是企业投入成本与收益失衡;五是企业人力资源与科技创新无法得到保障;六是合作中存在诸多不确定性;七是合作院校在能力、态度、效率等方面无法满足企业期望;八是企业自身认识不到位等。

3.企业参与产教融合的策略与路径

针对企业参与产教融合、校企合作的困境与风险,研究者提出了诸多策略与举措。

刘春艳等认为,应建立适应企业融合的组织方式与机制,加大企业与职业院校产教融合的深度、广度、力度和紧密度,提高职业教育产教融合的有效性和持续性。

首先,优化政府在职业教育产教融合中的策略选择:一是制定鼓励企业增加产教融合投入的政策,形成以企业为中心的产教融合运行机制;二是建立有利于促进和保障职业教育产教融合的优惠政策和法律保障体系;三是发展并完善多渠道筹集风险投资;四是促进第三方服务机构的发展和完善。

其次,优化职业院校在职业教育产教融合中的策略选择:一是充分发挥

---

① 李先跃.产教融合背景下校企合作中校、企、生的利益博弈分析[J].黑龙江教育(理论与实践),2019(2):24-26.
② 修南.企业深化产教融合的现状、困境与对策——以吉林省为例[J]:职业教育研究,2019(6):10-14.
③ 沈剑光,等.我国企业参与校企合作的现实意愿及影响因素——基于766份样本数据的调查[J]:2018(3):33-39.

职业院校自身优势；二是完善产教融合的质量评估体系；三是完善激励机制。

最后，优化职业教育产教融合组织方式的策略选择。应建立长期有效的产教融合联动机制，保障其组织方式的运行。职业教育产教融合的组织方式是职业院校、企业和政府相互提供人力、资金、物质、知识、信息资源，以突破资源分散、不足的瓶颈，通过资源互补，产生组织的协同效应。[1]

陈刚对构建校企合作机制提出了建议：一是要发挥政府主导作用，出台相关政策法规，依托政府的顶层设计，建立有效的保障机制来调动企业参与高职院校人才培养的积极性；二是行业机构引领方向，协调校企合作关系，引导推动产教融合的发展方向，为技术技能人才培养提供有力支持；三是校企双方通力合作，推动校企合作深入开展，培养出符合市场需求、企业需要的高素质技术技能型人才。[2]

孙健等围绕激发企业的经济动力角度，提出应建立政府主导的成本利益补偿机制；进一步完善法律法规；构建并强化基于行业协会的组织中介机构，具体可以由行业协会牵头，构建并强化信息平台、协调平台和监督平台等三大组织。[3]

奚进从交易成本的视角提出应建立补偿机制，包括建立健全政府购买服务制度；建立清晰的校企合作产权制度；建立利润替代补偿机制；建立行业组织主导的协调机制，降低企业成本负担；提高毕业生专用性和留任率，减少企业的风险成本等。[4]

针对企业在合作中的阻力与风险，研究者提出的应对举措与策略主要有：一是政策、法律、制度要健全，如文件的实施细则、优惠政策落地、法律保障体系实施等，营造良好的社会氛围；二是政府、行业协会要履行指导、监管、协调等职能，创建管理与服务平台，切实为合作教育提供保障；三是搭建高效的运行机制，完善激励机制、补偿机制、风投机制、仲裁机制、监督机制、沟通机制等，充分考虑到企业的投入与收益；四是实施企业、院校"双主体"协同育人，赋予企业应有的权利与利益，实现责、权、利的统一；五是

---

[1] 刘春艳,聂劲松.职业教育产教融合中的企业权益及其影响机理[J].职教论坛,2017(13):36-40.
[2] 陈刚.产教融合视域下校企合作机制构建探讨[J].职教论坛,2017(31):60-62.
[3] 孙健,贺文瑾.论企业参与高职院校校企合作的经济动力及其提升[J].高等工程教育研究,2018(7):192-197.
[4] 奚进.企业参与职业教育校企合作的交易成本及补偿机制构建[J].中国职业技术教育,2018(11):43-50.

提升企业的社会责任感,令其自觉履行企业的职业教育责任,转变观念,主动作为。

(二)产教融合型企业的建设与评价

近年来,"产教融合型企业"频见于多项政策文件,开始成为研究者探讨的又一课题。

周凤华基于时代背景认为,建立产教融合型企业认定制度是深化产教融合、校企合作的重大创新,并强调坚持产教融合、校企合作是新时代职业教育深化改革的基本遵循,是职业教育服务高质量发展的必然要求,是加快实现职业教育现代化的必由之路。坚持产教融合、校企合作具有鲜明的时代特色和深厚的实践基础。结合《职业学校校企合作促进办法》,周凤华提出了产教融合型企业兴办职业教育的范畴;根据该文件他还梳理出成为产教融合型企业应具备的资格与条件。基于此,他指出,测算投资额是产教融合型企业享受激励政策的依据和核心。[①]

王辉等对教育部先期重点建设培育的产教融合型企业建议名单进行分析发现:产教融合型企业的分布存在明显的地区差异;国有企业表现出强大的竞争优势;政府更关注产业转型升级重点急需领域;重视企业直接举办职业教育。他们认为,应理性审视我国产教融合型企业评定的价值取向,在未来产教融合型企业的评定中需要平衡职业教育发展,缩小地区差异;支持民营企业发展,激发经济活力;实现评价机构独立,保证公平公正;重视社会责任承担,滋生内生动力。[②]

曹靖在《产教融合型企业的学理逻辑、多维价值及选择适切性研究——企业行为的视角》一文中指出,产教融合型企业与我国产业形态、经济运行模式和职业教育发展水平三者关系密切,具有内在的学理逻辑和现实的多维价值,培育产教融合型企业是消解我国职业教育发展需求矛盾的最优选择。

产教融合型企业存在的多维价值有三:收益"匪浅"——产教融合型企业化解办学"经费困局";"义""利"兼顾——产教融合型企业破解从教"身份困境";"校企一体"——产教融合型企业纾解育人"模式困难"。

---

① 周凤华.建立产教融合型企业认证制度推动职业院校和行业企业形成命运共同体[J].中国职业技术教育,2019(3):86-92.
② 王辉,陈鹏.产教融合型企业评定特征及理性审思——基于教育部先期重点培育企业的分析[J].中国职业技术教育,2019(6):21-27.

基于企业行为的视角,产教融合型企业建设培育的选择适切性主要体现在以下三个方面:一是组合激励——唤醒产教融合型企业的社会行为;二是制度规约——校正产教融合型企业的经济行为;三是社会监管——引导产教融合型企业的道德行为。①

"产教融合型企业"作为新的研究领域出现的时间不长,研究成果也较少,除了少量的理论研究外,主要是对相关政策进行解读与分析。作为一种新的激励策略,产教融合型企业受到了诸多肯定,以资格认定的形式通过补偿与优惠发挥着强大的推动力,在产教融合相关政策中不失为一大创新。这一领域涉及的研究主要有产教融合型企业实施认定的意义与价值、企业建设条件、优惠政策、认定的企业领域与类型、认定的标准与规则等。当然,无论是在理论上还是在评价实践上,这一领域仍有待更多研究者涉足。

(三)产教融合中企业的政策定位

产教融合、校企合作是推进人才供给侧结构性改革、以人才发展引领产业转型升级、培育经济发展新动能的重大举措。为了破解制约产教融合、校企合作的瓶颈因素,近年来国家先后出台了系列相关文件。2017年12月,国务院办公厅发布《关于深化产教融合的若干意见》;2018年2月,教育部等六部门印发《职业学校校企合作促进办法》;2019年1月,国务院印发《国家职业教育改革实施方案》;2019年3月,国家发改委与教育部印发《建设产教融合型企业实施办法(试行)》;2019年10月,国家发改委、教育部等6部门印发《国家产教融合建设试点实施方案》。这些政策为推进产教融合、校企合作提供了明确的指导。2018年9月,教育部职业技术教育中心研究所遴选出了先期重点建设培育的24家产教融合型企业。以下就上述政策文件围绕企业及产教融合型企业的相关规定作些简要分析。

1.《关于深化产教融合的若干意见》

《关于深化产教融合的若干意见》(以下简称《意见》)站在新时代高度,结合我国经济社会发展的全局,统筹布局产教融合框架,为今后一段时期内产教融合、校企合作提供了指导。《意见》出台后,发改委有关负责人就其答

---

① 曹靖.产教融合型企业的学理逻辑、多维价值及选择适切性研究——企业行为的视角[J].职业技术教育,2019(10):36-40.

记者问,以下摘录部分以便我们深入理解。①

产教融合的核心是要让行业、企业成为重要办学主体。这是深化教育供给侧结构性改革的重大举措,既涉及宏观的教育布局和结构,又涉及人才培养模式改革,还事关教育组织形态和服务供给多元化,是完善现代办学体制和教育治理体系的一项制度创新。

《意见》首次明确了深化产教融合的政策内涵及制度框架,完善顶层设计,强调发挥政府统筹规划、企业重要主体、人才培养改革主线、社会组织等供需对接作用,搭建"四位一体"架构,将产教融合从职业教育延伸到以职业教育、高等教育为重点的整个教育体系,上升为国家教育改革和人才开发整体制度安排,推动产教融合从发展理念向制度供给落地。

《意见》强调企业重要主体作用,坚持问题导向,找准症结,着眼发挥企业重要主体作用,提出企业办学准入条件透明化、审批范围最小化,实行"引企入教"改革,健全学生到企业实习实训制度等,推动企业多种形式参与办学,支持企业需求融入人才培养,由人才"供给—需求"单向链条,转向"供给—需求—供给"闭环反馈,促进企业需求侧和教育供给侧要素全方位融合。

2.《职业学校校企合作促进办法》

《职业学校校企合作促进办法》(以下简称《办法》)是在《意见》及其他文件基础上,对产教融合中的校企合作作了专门的系统性规定。同样,我们将教育部职成教司负责人答记者问,择其要语录下。②

《办法》通过明确职业学校校企合作的目标原则、实施主体、合作形式、促进措施和监督检查等,建立起校企合作的基本制度框架,对贯彻落实习近平新时代中国特色社会主义思想和党的十九大精神,回应实践和社会多年的呼声,深化产教融合、校企合作,奋力办好新时代职业教育,具有重要意义。

《办法》主要政策创新点有6个方面。

一是明确了校企合作是指中等、高等职业学校和企业在实施职业教育过程中通过共同育人、合作研究、共建机构、共享资源等方式实施的合作

---

① 张晨.让行业企业成为重要办学主体——国家发展改革委有关负责人就《关于深化产教融合的若干意见》答记者问[N].中国教育报,2017-12-20(3).

② 谷亚光.把产教融合校企合作引向深入——教育部职业教育与成人教育司负责人就《职业学校校企合作促进办法》答记者问[N].中国改革报,2018-03-01(10).

活动。

二是提出了要建立校企主导、政府推动、行业指导、学校企业双主体实施的合作机制,规定了校企合作组织形式、主体资质、合作形式、各方权责、协议内容、过程管理等内容。

三是明确了职业学校和企业可以结合实际在人才培养、技术创新、就业创业、社会服务、文化传承等方面,开展7种形式的合作。

四是明晰了国家在促进跨区域校企合作方面的职责、地方政府的职责,以及教育、财税、用人和分配等方面的具体政策。

五是提出了政府和社会资本合作、购买服务、落实财税用地、职业教育集团,以及支持产教融合型企业试点、促进教师和企业人员双向流动、保护学生权益、建设服务体系等具体措施。

六是规定了教育和相关部门的监督检查职责和违法行为的惩处机制等内容,规定了国家、地方、行业企业各层面的校企合作管理运行机制和职权分工。

3.《国家职业教育改革实施方案》

《国家职业教育改革实施方案》(以下简称"职教20条")集中了国家发展职业教育的新思想、新理念、新要求、新举措,是新时代中国特色社会主义教育总体部署的重要组成部分。"职教20条"的主导思想是深化改革,主要目标是高质量发展,价值导向是强化服务,这些构成了新时代职业教育改革发展的基本方略。"职教20条"中也有专条讲到产教融合、校企合作,原文如下[①]:

> 职业院校应当根据自身特点和人才培养需要,主动与具备条件的企业在人才培养、技术创新、就业创业、社会服务、文化传承等方面开展合作。学校积极为企业提供所需的课程、师资等资源,企业应当依法履行实施职业教育的义务,利用资本、技术、知识、设施、设备和管理等要素参与校企合作,促进人力资源开发。校企合作中,学校可从中获得智力、专利、教育、劳务等报酬,具体分配由学校按规定自行处理。在开展国家产教融合建设试点基础上,建立产教融合型企业认证制度,对进入目录的产教融合型企业给予"金融+财政+土地+信用"的组合式激励,并按规定落实相关税

---

① 国务院.关于印发国家职业教育改革实施方案的通知[EB/OL].(2019-01-24)[2022-04-05]. https://www.gov.cn/gongbao/content/2019/content_5368517.htm.

收政策。试点企业兴办职业教育的投资符合条件的,可按投资额一定比例抵免该企业当年应缴教育费附加和地方教育附加。厚植企业承担职业教育责任的社会环境,推动职业院校和行业企业形成命运共同体。

4.《建设产教融合型企业实施办法(试行)》

《建设产教融合型企业实施办法(试行)》(以下简称《建设办法》)首次从国家层面以产教融合型企业认定的形式激励企业发挥主体作用,积极参与产教融合、校企合作,从申报、审核、建设、认定、管理、激励、退出等方面作了明确规定,为今后产教融合型企业相关举措提出了整体方案与实施办法。

《建设办法》共五章:第一章总则,就该文件出台的意义、产教融合型企业的概念、总体建设原则、组织管理负责部门等作了规定;第二章建设培育条件,就纳入产教融合型企业的条件及重点企业类型作了详细说明;第三章建设实施程序,就产教融合型企业的自愿申报、复核确认、建设培育、认证评价等程序作了具体规定;第四章支持管理措施,就认定后纳入产教融合型企业目录的企业开展后期服务与管理作了相关规定,包括优惠政策、提供便利条件、工作年报、资格复核、资格退去等;第五章为附则。

上面文件内容与精神充分体现了产教融合、校企合作在整个国家职业教育体系中的重要地位,其中企业被赋予了重大期望,将扮演极为重要的角色。这些表述既有总体规划、全面布局,又有具体操作与明确指导。

当然,要实施产教融合型企业建设培育、认定考核等,还需要诸多配套的制度规定才能真正落地,如建设培育内容、程序与标准、认定内容与标准、激励政策实施细则、资格复核内容及退去机制等。

二、产教融合型企业的建设与培育

(一)创设环境

创建产教融合型企业不是企业一方努力即可实现,企业只是环境中重要的一个主体。只有整个环境达到一定条件,它才能够沿着正确的方向、应用科学的方法、动力十足地长期有效开展。

1.指导培训体系。按照申报、审核、建设及认定的程序,对审核通过的企业要进行必要的培育与建设。给予企业指导与培训是非常重要的开端。为此,可由人力资源部门等政府机构组建产教融合型企业建设讲师团,负责对审核通过的企业或有意愿申报的企业开展针对性的指导与培训,内容涉及国家相关政策、企业在产教融合中的定位、运行机制、融合方式与合作内容、相关组织的设置、自我绩效评价等。指导与培训应参考一定标准,按照建设过程充分考虑所涉环节,在充分调动企业积极性的同时,讲清利害关系,突出长效机制,强调取得实效,在产业转型升级、改革人才培养模式等方面作出切实贡献。

2.长效运行机制。建立由政府主导、行业指导、校企双主体协同育人机制,是开展产教融合型企业培育与建设的重要前提。在这一运行机制中,政府的角色至关重要,企业的动力完全来自政府的作为,政府通过政策激励与约束企业行为,通过创建第三方组织机构来协调整个运行过程,帮助企业解决后顾之忧,乃至委托行业开展监督与指导等,所有相关方的行为都必须由政府发力,推动整个机制长期有效运行。行业组织主要在专业领域及产业发展上为校企合作提供指导并开展必要的监督,行业协会或其他第三方机构应协调合作过程中多方人事关系,解决融合中出现的诸多问题,促使融合更深入、合作更顺畅。在此前提下,企业和学校都应以主人翁的态度开展积极合作,协同育人,特别是学校,应积极配合企业,为产教融合型企业的建设创造条件,提供多方支持。

3.落实激励政策。相关激励与优惠政策是推动企业积极参与产教融合的重要力量,在这方面,中央及地方政府已出台诸多举措,如金融、土地等优惠,但相关政策还有待细化,法律法规有待进一步完善,必须符合实际、易于操作且具有激励作用。应充分考虑到企业的实际需要,考虑到企业的投入与成本,远离企业需要或不能平衡企业投入的激励措施都将失效。应依据认定标准对企业的贡献度及最终绩效作出客观评定,结果应有等级差异,依据等级予以相应的优惠。评定标准应于培育与建设前确定,以正确引导企业行为,提升工作效率与效益。在政策激励的同时,还应通过舆论宣传、正面教育或树立标杆,引导企业履行其社会责任,为人才培养和经济发展作出贡献。

4.风险化解机制。企业在产教融合中出现"壁炉现象"的原因不仅仅是优惠激励政策不落实或不足以激起企业参与,还在于企业考虑到参与合作会出现的诸多风险与挑战,如学生岗位实践中出现事故、培训的学生不能为企业所用、技术创新不能转化为生产力从而创造盈利等,这些因素在很大程度上抑制了开展产教融合的积极性。因此,在推进产教融合深入发展,培育与建设产教融合型企业中,还必须充分考虑到企业在合作中承担的各种风险,通过多种机制或补偿举措等防范风险产生并及时化解风险,降低合作中存在的不确定性,打消企业参与合作的种种顾虑。在防范与化解风险中,应加强监管、提供服务、及时协调沟通,多方面满足企业的需要,消除企业积极参与合作的掣肘因素。

(二)建设内容

从企业角度看,产教融合型企业审核通过后,可从以下方面通盘考虑、细致谋划、稳步推进。

1.组建管理体系,明确人事关系

开展产教融合、校企合作,涉及诸多事宜,不仅有外部与其他利益相关方的沟通接洽与协调,还有内部的决策、计划、实施等服务与管理。因此,企业必须为此组建自上而下的管理体系,并为运作产教融合、校企合作建章立制、定岗明责,以确保合作顺畅、深入、有效开展。企业高层应成为组织管理体系中的重要领导,管理层级及岗位设置符合企业实际,或单独设立或与原有管理体系整合,所履行的职责能囊括合作中的所有事务,也可以随着建设进程及时调整或补充。规章制度应明确具体,自成体系,相互衔接,不仅要考虑到静态要素的规定,更应关注动态实施中的矛盾与问题协调,做到操作性强,为规范人事关系,引导管理行为发挥重要作用。

2.挖掘内部潜力,确定方式内容

企业在产教融合建设中,应充分挖掘内部潜力,全面考量自身资本、技术、知识、设施、管理等要素,审视哪些方面可以成为合作点,着眼于人才培养,也着眼于解决自身存在的问题,如技术升级瓶颈、人才缺乏等。合作可先从某一方面开展,逐步深入推开,切忌面面俱到。合作方式有独资、合资、合作等,应根据自身情况确定,以尽最大社会责任并切实取得成效为原则,依法举办或参与举办职业教育、高等教育。从人才培养培训过程看,合作内容主要有专业建设、课程建设、教材建设、提供师资、合作招生、技能培训、岗位实践、共建实训基地、技术研发、直接投资等。企业应根据校企情况,协商确定合作内容,稳定、持续、有序开展校企合作,在合作中逐步形成长效机制。

3. 选定合作对象,明确合作目标

在组建管理体系并确定合作方式与内容后,企业必须主动或通过第三方服务平台寻求合作伙伴,多为本区域范围内的各层级学校,也可跨区域,如东西部合作等。合作对象选择可遵循以下原则:根据自身的产业领域选定高校合作院系,根据岗位技术层次选定院校层次,根据企业自身特点确定合作项目与规模等。确定合作院校可以是一所,也可以是多所;可以是高校的研究所,也可以是高职或中职院校等。选定的合作对象,必须符合企业自身实际与特点,要明确合作目标,如技术研发以实现产业转型、教育培训以提升人才质量、人员交流以提升师资质量等。也可以将院校的现实需要作为选择的参考,为院校提供全方位服务,包括资金支持、基地建设等。当前,许多地市形成了诸多联盟办学格局,如校区一体、职教集团等,企业可以此为依托,形成集群效应,拓展合作面,提升合作效率。

4. 搭建合作桥梁,疏通合作渠道

为了有效推进产教融合、校企合作,高效解决合作过程中的诸多问题,企业还必须与外界相关方如政府、行业协会、院校等搭建桥梁,形成有效沟通协调机制。企业组建的管理体系中,必须有一个与外界接洽的部门,负责内外信息互通。企业应积极参与产教融合、校企合作,履行好自身职责。同时,与政府、教育行政、人力资源等部门开展广泛交流,获取信息与资源,反映问题与需求,以便及时调整合作行为,在政府的主导下全面推进产教融合。行业协会在产教融合中能为企业在产业发展、专业前景、技术前沿等方面提供较好的指导。因此,行业协会也是企业应积极沟通的对象。学校是企业合作的直接伙伴,企业应全方位了解院校人才培养过程,以及人才培养中的需求,形成便捷的沟通渠道,交换信息,确保运行机制畅通、高效。有研究指出,政府应创建第三方社会服务机构,为企业开展合作提供便利。这样的机构自然会成为校企沟通协调的重点。

5. 加强管理服务,扎实稳步推进

在开启产教融合、校企合作之际,企业应以主体身份积极履行合作计划,通过各自定位的融合方式渐次推进合作事项,与院校合作开展双元育人。在实施过程中,企业相关管理部门及人员必须履行各自职责,加强过程监管,提供全方位服务,扎实做好各项工作。在合作中,企业应与院校积极协调沟通,确保每项合作有始有终,并取得切实成效;企业应全程参与人才培养过程,为院校人才培养提供最大便利与帮助,向院校提出建议与要求等。在合作中,企业应充分听取行业协会的指导,发挥第三方机构的作用,正确处理与自身生产经营等活动产生的冲突与矛盾,合理呼应院校师生、社会及自身员工的关切,为合作营造良好的内外部环境,确保合作机制长期有效运行。

6.检视合作成效,改进完善提高

在推进产教融合、校企合作过程中,或者在完成一个合作周期后,企业应对合作成效作出客观评价,全面检视自身行为,不断改进、完善、提高。检视的内容包括合作目标是否或在多大程度上达成,其中的经验与教训有哪些;合作任务是否完成,完成得如何;制度是否完善,是否能规范所有行为;人事安排是否恰当,是否有必须作出调整;与外界沟通是否顺畅得力,存在哪些问题;运行遇到哪些阻力与问题,应如何调整;院校在合作中表现如何,有哪些还应进一步协调等。企业可由专门部门履行检视过程,也可以在行业协会或第三方机构督导下完成。对于检视中发现的问题,经专门研讨寻求更佳方案,改进提高,为下一周期更好开展合作做好准备。

(三)建设标准

基于上面论述及相关政策要求,以下列出产教融合型企业建设内容与基本要求(表4-1),以供参考。

表4-1 产教融合型企业建设标准

领域与内容	要求与标准
建立管理体系	高层重视并参与;层级与岗位设置合理;职责明确具体;执行力强
制定规章制度	制度完善合理;规范性与指导性强;与生产经营等活动相统一
合作方式与内容	与自身实际情况相结合;方式与内容明确具体;具有可行性;切合产教融合相关政策与要求
合作目标与计划	有明确的合作目标;目标符合人才培养与自身发展实际;计划全面具体;计划可行性强;计划经院校等相关方商议
合作院校选择	符合合作目标;符合自身与院校实际
对外沟通渠道	与相关方合理建立沟通渠道;便于问题协调与解决;信息传递顺畅
合作机制运行	主体身份明确;与相关方合作运行顺畅,执行力强;职责履行到位,按时完成合作任务;问题与挑战得到有效解决;满足院校等多方需要

续 表

领域与内容	要求与标准
合作绩效评估	建立自我评估机制;定期开展自我评估;客观总结经验并发现问题;提出改进意见与建议
改进完善提高	依据评估结果与建议,结合多方实际;重新调整目标、方式与内容,修订完善制度,调整岗位人员与合作对象,完善沟通与协调机制等

上述基本要求与标准可为企业建设提供总体方向,在实践应用中可根据实际情况作进一步调整或细化。

三、产教融合型企业的认定与评价[①]

(一)评价的现实基础

对企业在产教融合上的参与程度及其成效等进行评价与(星级)认定,旨在激励企业积极开展产教融合、校企合作,同时在行为上予以规范约束,使其在政府的主导下与学校、行业等形成人才协同培育机制并做出贡献。从实践来看,开展产教融合型企业评定已有充分的现实依据,其必要性与合理性主要体现在以下三方面。

第一,产教融合中企业的社会责任。企业作为社会的一员,在享受生产经营权利、法律保护权利、资源使用权利的同时,应承担一定的社会责任,这些社会责任不是企业外在环境强加的压力,而是企业生存与持续发展理应承担的义务。美国佐治亚大学 Carroll(卡罗尔)教授认为,企业的社会责任按必要性从低到高,依次为经济责任、法律责任、伦理责任,以及可以自由支配的责任(志愿责任)。[②]

历史上,生产劳动与教育结合极为紧密,而随着工业革命的发展,教育从生产劳动中逐渐剥离出来,学校与企业之间的同一性关系变为人才"供给"与"消费"关系。由此,企业的教育责任蜕变为企业的志愿责任,企业对

---

① 这部分内容笔者此前已有论述,可参见下文,收入本书时有改动。宁业勤,傅琼.激励与规约:产教融合型企业认定评价探索[J].上海教育评估研究,2019(03):67-70.

② 肖日葵.经济社会学视角下的企业社会责任分析[J].河南大学学报(社会科学版),2010(2):67-71.

此可自由度量而决定自身行为。也正因此,近年来企业参与产教融合、校企合作意愿低下,从而出现"一头热、一头冷"的"壁炉现象"。

然而,随着经济社会的不断发展,人才培养与教育改革不断深入,企业与学校共同承担教育责任的理性诉求日益强烈。这一诉求不仅频见于自上而下的各级政府与教育行政部门文件,也已上升到法律层面。如此,职业教育责任不再是志愿责任,而是必须履行的法律责任。

第二,产教融合中企业的主体地位。在产教融合中,企业究竟处于何种地位?在职业教育办学机制上,令人印象最深的是"企业参与",这一表述见于多个重要政策文件。也许正是这一表述,导致企业消极应对产教融合、校企合作。在他们看来,"参与"意味着可有可无,意味着次要地位,意味着被动与附和。很显然,这是违背政策初衷的。

近年来,职业教育在整个国家发展战略中的地位日益突出,产教融合已与经济转型、产业升级、社会发展动能等命题紧密相连。其中企业的重要性经实践反复验证,对企业"主体地位"的认定也呼之欲出。2017年12月,国务院办公厅印发了《关于深化产教融合的若干意见》,其中明确要"深化职业教育、高等教育等改革,发挥企业重要主体作用,促进人才培养供给侧和产业需求侧结构要素全方位融合","支持引导企业深度参与职业学校、高等学校教育教学改革,多种方式参与学校专业规划、教材开发、教学设计、课程设置、实习实训,促进企业需求融入人才培养环节"。这一文件标志着企业主体地位的最终确立,由此开启了校企"双主体"协同育人的新局面。

第三,产教融合中企业的关键作用。与社会责任、主体地位相对应的是,在产教融合、校企合作中,企业发挥着重大的、不可替代的作用,它直接决定着产教融合能否取得实效。产教融合是企业、产业的岗位、生产与学校的专业学科、教学二者的有机融合,缺一不可。从过去的实践中不难看到,由于多种复杂原因,企业参与合作动力不足、意愿不强,致使产教融合、校企合作流于形式,难以深入开展。近年来,为了促使企业积极融入教育过程,各级政府及教育行政机构试图从不同方面切入,激励并带动企业发挥其人才培养作用。如职业教育集团化、现代学徒制、职业院校技能大赛、职业教育股份制与混合所有制、实训基地建设等等,都旨在引导企业积极参与职业教育。然而,这一切能否贯彻落实并取得良好效果,都有赖于企业是否主动积极深度融入教育过程。从人才培养具体过程来看,教育中的专业设置、课程标准及内容的确定、教师培训、学生招生、课堂教学、实践实习、考证、创业就业等,都有待企业的有力介入。缺乏企业深度融入的教育培养的人才远不能满足经济转型、产业升级的需要。以上种种说明,企业在产教融合中发挥着关键的决定性作用。

(二)评价的主要内容

对企业在产教融合方面进行考核评定,重在考察企业是否在履行教育社会责任上,与学校形成"双主体"协同育人机制并发挥关键作用。考察内容也即企业应履行的主体责任,以此引导企业不断加强自身建设,以下从建设过程上就此作些探讨。

第一,融合前的资源准备。对企业而言,首要的是思想认识问题,必须充分认识到自身的社会责任以及在产教融合中育人的主体地位,这是企业推进产教融合的重要思想保障。为了有效推进产教融合,企业成立专门的办事部门是极为必要的,它在与校方沟通以及内部管理中发挥着重要作用。根据自身能力与特点确定产教融合的方式、途径以及办学机制等,如独资、合资、合作,或以资本、技术、管理等要素参与办学,或学校、企业联合组建产教集团等。制定相关规章制度是确保产教融合顺利实施的关键,必须对企业开展深度合作中的各类人事运作过程作较详细规定。融合前对自身能力进行全面梳理,结合自身生产与经营活动,从资源条件上确定在合作育人上能发挥的作用:在产业以及经营管理上确定协同育人的专业(群)领域,确定合作院校;在实践培训上确定可开展合作的规模与具体内容;在环境条件上确定可供使用的数量、规模与时间等,财力上能给予学校支持的数量、领域与具体内容;在生产技术、核心工艺等方面确定协同创新的方式方法等。以上种种,是企业开展产教融合、校企合作在条件资源上的静态规约,也是产教融合的重要前提。

第二,融合中的机制运行。在前期做足准备后,即进入校企合作行动阶段。从以往校企合作的实践来看,这一阶段,企业主要在以下方面履行自身的主体责任。

一是在专业设置与招生上,企业可根据产业及岗位特点与行业协调确定相关专业设置或退去,可与学校联合招生、先招工再招生、订单培养等。二是课程内容与教学上,企业根据生产过程、行业现状及未来发展趋势,确定专业开设、专业课程、课程内容,以及基于工学结合的教学模式、方法与进度等。三是学生实训与考核上,根据教学周期和生产实际,接收学生实践实习与顶岗培训,与学校配合开展职业技能竞赛与考核。四是师资队伍互通提高上,接收学校教师定期实践锻炼,组织技术专家与能手进入学校开展教学,选派员工进入学校接受教育。五是技术创新与合作上,与学校、科研院所搭建技术合作平台,围绕产业关键技术、核心工艺和共性问题开展协同创新,加快基础研究成果向产业技术转化。六是财力投入上,可根据合作学校情况为其提供专业设备设施,改善实践教学条件,共建实训基地,设立产业学院和企业工作室,支持高校创新成果和核心技术产业化,以及在其他方面投入,比如设立奖学金等。

这一阶段是产教融合的全面体现,直接决定着产教融合、校企合作的成败。在此,作为重要主体的企业还应注意以下问题:一是根据自身产业技术层级确定合作院校及人才培养的层级——研究生、本科生、高职生、中职生,在区域内选择与自身产业岗位有对应专业的院校,一所或多所;二是主动与校方接洽,确定共同育人机制,不能因为成本问题、盈利问题等拒绝、抵抗合作事宜;三是应深度合作,不可走过场,做表面功夫,因为这已经是自身的主体责任。

第三,融合后的效果成绩。效果成绩是企业推进产教融合、校企合作所达成的最终结果,也是对企业进行考核的重要方面。效果成绩直接源于校企合作过程,具体可以从以下方面进行考察。

一是人才培养方面,包括人才协同招生与培养运行机制的科学合理性,学生接受实习实训的规模、时间及成效等。二是教师培训机会与技术专家支教情况,教师下企业锻炼的人次及效果,技术专家对学生开展教育的效果等。三是技术问题解决、技术创新与教学改革上,学校在技术、人才等方面为企业解决问题的情况,企业为学校专业、课程及课堂教学等方面作出的贡献等。四是企业为学校投资带来的实际成效。五是合作中相关利益者的满意度,包括学生在企业实践实习的满意度、学生对自身在技能提升上的满意度、教师参与锻炼有所收获的满意度、学校对企业在合作中的管理运行与沟通协调方面的满意度等。

此外,还应考察企业对自身推进产教融合所取得成绩的认识,能发现问题、获得融入经验、有针对性举措,将对后续合作更有益。值得一提的是,考察效果成绩时,更应关注切实取得的效果,不在乎数量,更在乎质量,在乎企业的改进与提高。

(三)评价的指标体系

为构建出较为科学合理的评价体系,笔者结合上面论述及相关政策要求,编制了一份调查问卷,试图通过对专家的调查,更为准确地掌握信息,见表 4-2。

表 4-2 评价指标体系调查问卷

评价领域	主要观测点	作为观测点存在的重要性				
		很重要	比较重要	一般	不重要	很不重要
资源整合	思想认知					
	布局规划					
	机构部门					
	规章制度					
	与外部形成的运行机制					
	融合计划					
	（其他）					
机制运行	专业建设					
	课程建设					
	院校管理					
	实训实习					
	师资互通					
	技术创新					
	财力投入					
	自我评估					
	（其他）					
效果成绩	专业建设成果					
	实训实习成果					
	教师培训成果					
	技术转移成果					
	投资实际效果					
	相关方满意度					
	自我满意度					
	改进提高					
	（其他）					

在调查及分析的基础上,笔者从建设过程的角度构建出产教融合型企业认定评价体系,框架如表 4-3。

表 4-3 产教融合型企业认定指标体系

评价领域	主要观测点	主要评价内容	权重
资源整合	思想认知	企业高层认识到产教融合的重要地位,明确自身主体责任,理解产教融合对企业的总体要求,熟知各类相关政策与法规。	0.05
	布局规划	确定适切的产教融合方式、途径以及办学机制等,规划明确、具体、可行。	0.05
	机构部门	在领导高层下设置专门的办事机构,任命专职人员,形成有序的管理体系。	0.04
	规章制度	就运行过程、人力、物力、财力安排等制定完善的规章制度,制度切合实际,执行有力。	0.04
	融合计划	制定与政府、学校、科研机构、行业等开展合作的行动计划,包括专业、课程、教材、教学、实习实训、技术协同创新等,计划切合实际、翔实可行。	0.06
机制运行	专业建设	与行业、学校协商合理设置或退去专业,共同制定专业标准与人才培养方案,共同进行专业建设与招生。	0.06
	课程建设	与学校共同确定专业课程、课程标准,共同开发教材,共同设计育人进程,制定教学计划,创新教学模式。	0.07
	实训实习	接收学生定期开展实训实习,创新培训方式,开展技能培训与考核,管理得力,组织有序,实训实习有协议、有工酬、有安全保障。	0.07
	师资互通	接收教师技能学习与培训,选派技术能手进校教学,组织员工进学校接受专业教育,教育与培训方式多样,内容上能满足各方需要,切合产业发展实际。	0.05
	技术创新	与学校、科研院所搭建技术合作平台,信息共享,运转流畅,围绕产业关键技术、核心工艺等开展协同创新,支持教师及科研人员开展技术开发、产品设计。	0.07
	财力投入	为学校提供专业设备设施,改善实践教学条件,共建实训基地,投资设立产业学院和企业工作室,支持高校创新成果和核心技术产业化,以及其他投入。	0.06
	自我评估	对合作过程进行客观评估,总结经验并发现不足,并对管理体系作出相应调整与整改。	0.04

续 表

评价领域	主要观测点	主要评价内容	权重
效果成绩	专业建设成果	专业建设获得认可，专业影响力，专业招生形势等方面情况。	0.05
	实训实习成果	接收学生培训规模，学生技能考核成绩，学生技能竞赛获奖，安全事故及其处置等情况。	0.05
	教师培训成果	接收教师培训规模，教师专业技能提升及技能竞赛获奖情况。	0.04
	技术转移成果	技术问题解决，产业技术创新，技术成果转化，教师、科研人员技术成果等情况。	0.05
	投资实际效果	对学校投资的设备设施、实训基地等运转应用情况，受益面及其为促进人才培养发挥作用情况。	0.05
	相关方满意度	学生对企业培训指导等方面的满意度，教师对企业提供的技能帮助及服务的满意度，学校对企业推进产教融合沟通服务的满意度。	0.06
	自我满意度	企业对产教融合所取得成绩的认识，获得经验并发现问题以及提出有针对性改进举措情况。	0.04

说明：在实际评价中，可根据最终得分划分等级，并予以有差别的激励。

（四）评价的外部条件

在实践应用中，上述评定框架还需要进一步完善、优化。此外，运用这一框架对企业进行评定还需要考虑到诸多与之匹配的外部要素。

第一，政府为评价主体。在产教融合、校企合作运行机制中，政府处于主导地位，它集统筹、引导、协调、监督、激励等职能于一身，因此，开展这一评价，政府无疑应处于主体地位。

当然，政府处于主体地位并不排除其他主体参与，也可委托第三方开展。正如《关于深化产教融合的若干意见》所指出的："积极支持社会第三方机构开展产教融合效能评价，健全统计评价体系。强化监测评价结果运用，作为绩效考核、投入引导、试点开展、表彰激励的重要依据。"

政府作为评价主体，不仅因为它的权力与职能，更在于它能全面掌握产教融合现状，能更具针对性地制定政策，全面把握并有效推进产教融合。因此，也只有政府为评价主体，这一评价才能有效落实。

第二，考虑到企业能力。在现实中，企业规模有大有小，相应地其履行教育责任的能力也有大有小。我们可以国家统计中规定的"规模以上"作为界线，要求企业承担产教融合相关社会责任。另外，从企业发展阶段来看，Miller(米勒)和Friesen(弗里森)将企业生命周期分为初创期、成长期、成熟期和衰退期四个阶段。如果以市场表现作为判断企业成功的依据，企业在成长期和成熟期可称得上成功，进入衰退期则意味着失败。[①] 当然，企业并不会如此机械地循环，长盛不衰的成熟期企业也是多见的。在这一发展过程中，企业由他律走向自律，由利己走向利他，自觉履行社会责任成为企业发展的内生动力。由此不难发现，只有进入成熟期的企业有能力也有意愿承担更多的社会责任，包括教育责任。本着试点先行的原则，在产教融合上的评定，其对象更多是规模以上的、处于成熟期的企业——特别是国有企业，不能对所有企业寄以同等期望。

第三，与权、利相统一。上述评价是基于企业与学校构成协同育人"双主体"而存在的，在产教融合中，企业具有教育的社会责任，而且是负有主体责任的。按照"责、权、利"统一的原则，企业就应享有与之匹配的权利与利益，只有如此，才能让企业更好地履行其主体责任。

企业的教育权利是指企业开展产教融合所享有的与其责任对等的权利。当前，企业的教育权利明显不及它的教育责任，在教育权利中，学校的权利也远大于企业。这一现实很明显不符合"双主体"育人模式。因此，要落实上述评价，必须赋予企业相应的权利，包括招生权、培养权、评价权、以及对学校人才培养全程的知情权、建议权，甚至是与学校同等的决定权。[②] 这些权利可先行先试，逐渐放开，乃至上升到法律层面。

除了权利外，还有企业应享有的利益，这也是许多研究者常提及的激发企业参与的重要内容。企业应获得的利益除了财政补贴、税收优惠外，还有在金融政策、用地政策、技术成果享用等方面的利益，这在许多相关政策中都有提及。

第四，外部环境要成熟。产教融合、校企合作是个庞大的系统工程，涉及教育、产业等方面的深刻变革。对企业开展产教融合评价，还必须有成熟的外部环境，这主要是指与之配套的政策规章体系。这些政策体系主要有：国家发改委、教育部、人社部、工信部、财政部等部门工作的协调机制，政府、

---

① 关涛.企业生命周期各阶段组织特征差异性的实证研究——纵向视角提取发展型企业的组织特征[J].上海经济研究,2012(7):83-93.

② 聂伟.论企业的社会责任——基于企业公民视角的校企合作研究[D].天津：天津大学,2013:87-88.

行业、企业、学校、社会多方协同育人的运行机制,政府、行业、学校协同育人的责任体系,企业教育制度,财税、金融、用地等激励政策,多方构建的产教融合信息服务平台,校企合作的过程管理和绩效评价制度,院校与企业人才的合理流动、有效配置机制,院校及其教师参与校企合作业绩与水平评价制度,学生实习实训安全保障制度,营造全社会充分理解、积极支持、主动参与产教融合的良好氛围,以及与本评价相对应的激励政策等。只有具备了这些外部环境,对企业开展产教融合评价才能产生促进意义。

四、产教融合型城市的建设与评价

2017 年,国务院办公厅印发了《关于深化产教融合的若干意见》。2018年,教育部等六部门印发了《职业学校校企合作促进办法》。2019年,国家发改委、教育部印发了《建设产教融合型企业实施办法(试行)》。同年,国家发改委印发了《国家产教融合建设试点实施方案》。这一系列政策举措是对党的十九大精神的贯彻落实,标志着我国产教融合、校企合作进入了全新阶段。2021 年 7 月,国家发改委、教育部联合公布了 63 家产教融合型企业和 21 个产教融合试点城市。这一举措,成为贯彻落实上述文件的有力抓手,也是深入推进产教融合建设的破局之举。

至 2022 年 10 月,21 个试点城市相继出台了各自的建设方案并已付诸实施,但相关的理论研究尚不丰富,一些基本问题仍有待厘清。

(一)产教融合型城市建设背景

1. 突破改革困境

借鉴德国的双元制、美国的社区学院、澳大利亚的 TAFE 办学模式,我国职业教育领域很早就提出产教融合、校企合作人才培养模式改革。这一决策在诸多政策文件中被强调,实践中的改革也在持续推进。无论是在理论研究还是在改革实践上,都取得了一定成绩。但遗憾的是,由于种种原因,如缺乏顶层设计,保障不健全,投入成本与收益失衡等,企业参与改革积极性不高,出现了职业院校"剃头挑子一头热"的尴尬窘境,产教融合、校企合作一直未能取得根本性突破。

面对这一困境,国务院及各部委毅然跳出原有窠臼,以创新思维在更高层面上构建了产教融合、校企合作改革框架,成为促进教育高质量发展的战略性举措。与以往相比，本次政策举措表现了以下不同。

一是连续出台专项政策文件，并以试点形式贯彻落实。这在以前是没有过的，可见本次推进产教融合、校企合作的信心、决心和力度。

二是以往的产教融合、校企合作涉及的重要相关方主要是职业院校（特别是高职院校）和企业，本次则有了较大扩展，包括应用型本科乃至整个高等教育和中职院校，突出了产教融合中"教"的广泛参与性。

三是以往强调院校在融合和合作中的主体性和主动性，以致出现"热脸贴冷屁股"的乱象，而本次则极大强化了企业的主体地位，并把地方政府的作用强力推到前台，这是一个重大转变。

四是以城市为依托，聚集市内所有产业和教育，从一定高度统筹协调推进，而不限于一校一企或一校多企的简单合作。

五是不再局限于解决职业教育高质量发展的问题，而是跳出教育，瞄准经济与社会发展，瞄准教育、科技与人才的融合创新发展，致力于开辟新赛道、塑造新动能。

2.赋能经济发展

推进人才供给侧结构性改革，加快产业转型升级，贯彻创新驱动发展战略，这是深入推进产教融合、校企合作的又一重要背景。

正如《关于深化产教融合的若干意见》所指出的："受体制机制等多种因素影响，人才培养供给侧和产业需求侧在结构、质量、水平上还不能完全适应，'两张皮'问题仍然存在。深化产教融合，促进教育链、人才链与产业链、创新链有机衔接，是当前推进人力资源供给侧结构性改革的迫切要求，对新形势下全面提高教育质量、扩大就业创业、推进经济转型升级、培育经济发展新动能具有重要意义。"

《国家产教融合建设试点实施方案》也提出："把深化产教融合改革作为推进人力人才资源供给侧结构性改革的战略性任务，以制度创新为目标，平台建设为抓手，推动建立城市为节点、行业为支点、企业为重点的改革推进机制，促进教育和产业体系人才、智力、技术、资本、管理等资源要素集聚融合、优势互补，打造支撑高质量发展的新引擎。"党的二十大报告指出："教育、科技、人才是全面建设社会主义现代化国家的基础性、战略性支撑。必须坚持科技是第一生产力、人才是第一资源、创新是第一动力，深入实施科教兴国战略、人才强国战略、创新驱动发展战略，开辟发展新领域新赛道，不断塑造发展新动能新优势。"

(二)产教融合型城市建设要点

推进产教融合型城市建设,必须理解并做好以下三方面工作。

1.立足城市,着眼发展

产教融合型城市的设置是对原改革策略和思路的创新与升级,更贴近改革实践,也更易于操作,是破解原有困境的重大决策。推进产教融合型试点城市建设,必须理解以下三点。

第一,在地域上,城市作为一个重要节点,与其他行政区域相对独立,聚集了一定规模的教育和产业资源,是辖区内所有院校、行业和企业的最大公约数,在推进产教融合、校企合作深入改革,协调政府、行业、院校和企业上具有天然优势。

第二,城市聚集了一定规模的教育和产业资源,产教融合不仅仅是产业和教育的融合创新发展,还与城市社会、经济、文化、科技等方面发展密切联系。从城市发展的角度统筹产教融合、校企合作,有利于站在一定高度协调推进,合理制定经济社会发展规划及区域发展、产业发展、城市建设、重大生产力布局规划,优化职业教育布局,引导职业教育资源逐步向产业和人口集聚区集中;合理布局高等教育资源,增强中小城市产业承载和创新能力,构建梯次有序、功能互补、资源共享、合作紧密的产教融合网络。①

第三,每个城市,在产业、教育、科技、文化等方面,都有各自优势与特点,在市域内推进产教融合、校企合作,有助于结合自身禀赋有效布局与实施。每一地级市都有自己的产业体系且具有差异性,应依据本市的资源禀赋形成具有竞争力的支柱产业和特色产业,对技术技能型人才的需求较大。各级城市根据区位优势发展已有的特色产业,从而体现产业竞争优势。②

2.深度融合,协同创新

融合是产教融合型城市建设的灵魂,能否做到融合关系到试点建设的成败。实现融合,必须从以下方面着手。

第一,融合体现在制度建设中,体现在体制机制运行中。推进产教融合

---

① 国务院办公厅.关于深化产教融合的若干意见[EB/OL].(2017-12-19)[2022-04-05].https://www.gov.cn/zhengce/content/2017-12/19/content_5248564.htm.

② 李新生.产教融合型城市:内涵价值、建设困境与发展路径[J].中国职业技术教育,2023(10):71-81.

型城市试点建设必须充分考虑各要素、各环节、各相关方所发挥的作用,在制度设计中统筹安排,让政策来驱动机制运行,做好顶层设计,确保机制——如合作创新机制、协同育人机制、专业动态调整机制、服务保障机制等——在相互贯通中运行畅通,取得实效。

第二,融合体现在共建共享的平台上。通过平台建设融合多方共同关联事项,确保沟通及时、有效,降低运行成本,提高合作效能,如信息服务平台、成果转化平台、科技创新平台、实训实践基地等。

第三,融合体现在多元合作上。产教融合建设是多方的协调、沟通与合作,主体包括院校、企业、行业、政府、科研机构等,合作事项包括人才培养、平台共建、成果转化、教学改革、合作规划等,通过合作激活教育链、人才链、产业链及创新链的联动机制。

第四,融合体现在整理统筹教育、产业、经济、社会、文化、科技等领域协调推进上。为此,必须从城市发展高度统筹推进,同步规划产教融合与经济社会发展,统筹职业教育与区域发展布局,促进高等教育融入国家创新体系和新型城镇化建设,推动学科专业建设与产业转型升级相适应。[1]

第五,有效融合体现在创新上。创新有外在形式的创新,包括管理服务创新、体制机制创新,更重要的是科技创新、产业转型升级、建设创新基地、完善创新链、成果创新转化、创新育人模式、创新激励政策举措等,通过创新确保建设深入推进。

3. 政府主导,市场驱动

在产教融合型城市试点建设中,毫无疑问,政府扮演着极为重要的角色。在产教融合型城市建设目标的驱动下,政府角色不再限于职业教育的顶层设计者、引领者及校企合作的协调者,而是成为职业教育共同体三大主体之一,是职业教育领域产教融合的主要参与者和主导者。[2] 政府是产教融合型城市建设的统筹者,是政策制定者和落实者,要以深化供给侧结构性改革为主线,坚持问题导向、规划引领,创新体制机制,聚焦产教融合平台、骨干企业、高等院校和职业院校,促进教育和产业体系资源要素聚集融合。[3]

---

[1] 国务院办公厅.关于深化产教融合的若干意见[EB/OL].(2017-12-19)[2022-04-05]. https://www.gov.cn/zhengce/content/2017-12/19/content_5248564.htm.

[2] 廖喜凤,陈玲霞.产教融合型城市建设驱动的职业教育共同体内涵与建设路径[J].职业教育,2022(10):40-46.

[3] 付林.产教融合型城市建设路径的研究——以广东省中山市为例[J].科技风,2022(5):143-145.

总体上看，政府在试点建设中承担的职能可谓广泛而复杂，结合相关政策文件，大致可以归为以下方面。

第一，毫不动摇坚持一个总目标。即建立健全行业企业深度参与职业教育和高等教育的校企合作育人、协同创新的体制机制，推动产业需求更好融入人才培养过程，构建服务支撑产业重大需求的技术技能人才和创新创业人才培养体系，形成教育和产业统筹融合、良性互动的发展格局，基本解决人才供需重大结构性矛盾，教育对经济发展和产业升级的服务贡献显著增强。[1]

第二，精心做好科学规划与合理布局。制定实施经济社会发展规划，以及区域发展、产业发展、城市建设和重大生产力布局规划，要明确产教融合发展要求，将教育优先、人才先行融入各项政策。结合实施创新驱动发展、新型城镇化、制造强国战略，统筹优化教育和产业结构，同步规划产教融合发展政策措施、支持方式、实现途径和重大项目。合理布局高等教育资源，增强中小城市产业承载和创新能力，构建梯次有序、功能互补、资源共享、合作紧密的产教融合网络。[2] 规划与布局体现在完善的制度设计和体制机制的形成上，充分发挥企业、院校、行业等方面的作用，共同搭好制度大平台，在规范与激励中驱动机制畅通高效运行。

第三，切实发挥主导与协调功能。在试点城市建设中，政府必须发挥主导功能，与行业、企业、院校协同激活各类机制并进行有效协调。在企业端，发挥企业重要主体作用，深度开展校企协同育人改革，推进职业院校人才培养与企业联盟、与行业联合、同园区联结，在技术类专业全面推行现代学徒制和企业新型学徒制。在教育端，健全需求导向的人才培养结构动态调整机制，建立紧密对接产业链、服务创新链的学科专业体系。推动高等学校和企业面向产业技术重大需求开展人才培养和协同创新。推动院校专任教师到企业定期实践锻炼制度化，促进校企人才双向交流。推动产教融合创新平台共建共享，协同开展关键核心技术人才培养、科技创新和学科专业建设，打通基础研究、应用开发、成果转移和产业化链条。推动双方资源、人

---

[1] 国家发改委，教育部，等.关于印发国家产教融合建设试点实施方案的通知[EB/OL].（2019-10-10）[2022-04-05］. https://www.gov.cn/xinwen/2019-10/10/content_5438011.htm.

[2] 国务院办公厅.关于深化产教融合的若干意见[EB/OL].（2017-12-19）[2022-04-05］. https://www.gov.cn/zhengce/content/2017-12/19/content_5248564.htm.

员、技术、管理、文化全方位融合。①

第四，加强监督激励。为确保建设运行有序，政府还必须加强过程监督与服务管理，明确事项任务，落实主体责任，适时检视，发现问题及时解决。值得一提的是，在此过程中，政府应摒弃严格的管控手段，让企业、行业、院校以及其他机构在体制机制中运行。建设产教融合型城市，要放松政府对教育系统和产业系统的管制，让教育组织和产业组织基于市场需求并以市场契约为纽带，自主自由地进行不同方式和程度的合作融合。② 为了激发各参与方的积极性，确保融合与合作深入推进，政府必须用好各类激励政策。对企业，积极运用员工培养培训、各项财税优惠减免、投资、新增产能、新增项目等予以激励；对院校，在招生计划安排、专业设置、项目投资等方面予以政策倾斜。

此外，还应在市域范围内积极营造追求创新与合作的氛围，做好产教融合的宣传与引导，创设积极有利的环境。

（三）产教融合型城市建设绩效评价

1. 评价定位

开展产教融合型城市建设绩效评价，目的有二：一是督促各试点城市有效落实国务院、国家发改委、教育部等部门出台的相关政策，扎实推进产教融合建设；二是为各试点城市提供产教融合建设指导，也为城市开展自我评价提供标准参考。

评价主体可以是认定试点城市的国家相关部委、省政府，也可以是第三方。

评价内容标准应依据相关政策文件要求并结合实际情况确定，从试点建设的庞杂事项中抓住关键过程或节点进行观测，不追求面面俱到，力求精练且有说服力。

2. 评价体系

依据上面论述和相关政策文件，此处尝试构建出试点城市建设绩效评

---

① 国家发改委,教育部,等.关于印发国家产教融合建设试点实施方案的通知[EB/OL].（2019-10-10）[2022-04-05]. https://www.gov.cn/xinwen/2019-10/10/content_5438011.htm.

② 陈星.基于国际经验的产教融合型城市建设路径探索[J].中国职业技术教育，2020(6):54-59.

价框架(表 4-4)。

表 4-4 产教融合型城市建设绩效评价框架

评价领域	评价要点
规划与布局	1. 与区域发展和城市建设相协调,突显城市自身禀赋,与经济社会发展战略统筹协调推进; 2. 完善教育资源布局,优化教育和产业结构,将教育优先、人才先行融入城市建设各项政策。
制度与机制	1. 制度完善、富有创新,在破除体制障碍、领域界限、政策壁垒上,有力打通改革落地的"最后一公里",加大投入,构建有效的投融资土地信用等组合激励政策体系; 2. 机制健全,人才、智力、技术、资本、管理等资源要素集聚融合、优势互补,极大促进教育链、人才链与产业链、创新链有机衔接; 3. 健全高等学校与行业骨干企业、中小微创业型企业紧密协同的创新生态系统。
服务与管理	1. 政府发挥好主导作用,分工合理,职责明确,定期开展专题工作会议,明确改革问题清单,逐一落实; 2. 企业在产教融合中主体作用明显,行业有效发挥协调推动和公共服务职能,产教融合型企业、行业培育有成效; 3. 政府有效发挥协调、引导、监督和激励职能,确保融合与合作机制有序运行; 4. 积极培育市场导向、对接供需、精准服务、规范运作的产教融合服务组织。
平台与基地	1. 共建共享并有效维护平台与基地,相关方参与积极,有效应用; 2. 能满足校企需求,精准对接,切实降低交易成本,在加强学科、人才、科研与产业互动,推进合作育人、协同创新和成果转化中作用明显; 3. 根据需要合理设置企业联盟、大学园区、科技园等组织或机构,有效促进融合与合作。
教育助产业	1. 建立紧密对接产业链、服务创新链的学科专业体系,形成专业动态调整机制,强化创新创业人才培养,适应新一轮科技革命和产业变革及新经济发展; 2. 通过科技创新、成果转化满足产业需求,有效促进产业转型升级、经济结构调整和经济社会发展; 3. 积极开展企业员工培训,积极参与配合企业创办或开展的人才培养活动。
产业助教育	1. 与院校合作人才招生与培养,招工与招生相结合,积极投资办教育,参与多元化办学,协同推进复合型、创新型技术技能人才系统培养; 2. 协同落实工学结合,创新人才培养模式,有效组织教师培训和学生实践实训,有力协助解决人才供需矛盾,有较高的就业率。
特色与示范	在建设过程中有创新举措,富有特色并取得实效,值得进一步推广。

对产教融合型城市建设绩效进行评价,既要关注静态的要素,更要关注动态的运行,还要看建设取得的实效。开展评价可依据上面框架,结合实际进行具体细化并配上分值,在建设周期期满时开展外部评价,当地政府应据此定期进行自我测评。评价方可搭建绩效评价网络平台,围绕绩效考核点收集考核材料。测评时可通过雷达图直观呈现测评结果,关注城市建设绩效增值情况。

第五章　劳动教育评价探索

党的十八大以来,劳动教育受到空前关注,其重要性被提到完善教育体系、培养全面发展合格建设者和接班人、实现中华民族伟大复兴中国梦的高度。2020年3月,中共中央、国务院印发《关于全面加强新时代大中小学劳动教育的意见》。同年7月,教育部印发《大中小学劳动教育指导纲要(试行)》。依据上述文件,各级各类学校积极推进劳动教育改革。本章聚焦高职院校劳动教育改革实践,从我国劳动教育的历史发展入手,总结出我国劳动教育价值的历史与现实诉求,再结合高职院校办学实际,尝试提出有效的策略与举措,并构建出高职院校劳动教育督导和学生劳动素养考核评价体系。

一、劳动教育发展历程

（一）我国劳动教育的历史演变

解放前,苏区、抗日根据地和解放区的一项基本任务是开展新民主主义革命,消灭封建剥削制度,使劳动人民获得政治、经济和文化教育上的解放。苏维埃政府曾指出:"要消灭离开生产劳动的寄生阶级的教育,同时要用教育来提高生产劳动的知识和技术,使教育与劳动统一起来。"抗日战争时期的延安,更将教育与生产劳动相结合视为培养新公民和新知识分子的必由之路。这一时期的教育紧密联系当时当地的生产和生活实际,进行教育习惯和观点、劳动知识和技能的教育,教学组织形式和时间安排也适应季节性生产需要。各级各类学校学生直接参加生产劳动是普遍现象,他们的劳动不仅具有教育意义,也具有经济意义和政治意义,为前线和后方的物质需求提供了有力保障。[1]

---

[1] 孙培青.中国教育史:修订版[M].上海:华东师范大学出版社.2005:506.

解放后,劳动教育在新形势下继续探索发展。1949年通过的《中国人民政治协商会议共同纲领》对"爱劳动"进行了阐释,旨在引导青年学生在生产实践中热爱劳动,成为为生产建设服务的社会主义劳动者。1958年《中共中央、国务院关于教育工作的指示》首次指出"党的教育工作方针,是教育为无产阶级的政治服务,教育与生产劳动相结合",[①]并对各级各类学校有关工农业生产劳动活动的安排,作了明确规定。由此,生产劳动成为正式课程,在各级各类学校拉开帷幕。劳动教育通过开设生产技术课程、提倡勤工俭学、师生走入劳动"大课堂"等一系列措施展开。这一时期的劳动教育基本适应了国家和社会发展的需要,在探索中有了雏形。但由于"左"倾错误思想以及后来"文革"的影响,劳动教育受到严重破坏。

1978年4月,邓小平同志《在全国教育工作会议上的讲话》中指出:"现代经济和技术的迅速发展,要求教育质量和教育效率的迅速提高,要求我们在教育与生产劳动结合的内容上、方法上不断有新的发展。"[②]根据邓小平同志的讲话精神,中小学劳动技术教育课程化和规范化得到了加强,国家教委陆续出台众多关于落实劳动教育的课程文件,劳动教育课作为必修课被写入课程(教学)计划。课程(教学)计划对劳动教育课的开设目的、意义、遵循原则、课程目标、内容、课时安排、领导管理、考核制度及教学注意事项等作了具体安排。1981年,教育部召开全国思想政治教育工作会议,会议指出要通过加强劳动教育来加强学生的思想政治教育。1984年9月,中宣部、教育部发布《关于高等学校学生参加生产劳动的若干规定》,提出:"组织学生参加一定时间的生产劳动,是实现社会主义大学培养目标不可缺少的重要环节,也是对学生进行思想政治教育的重要途径。生产劳动应列入教学计划。"[③]

1993年中央发布的《中国教育改革和发展规划纲要》中指出要"坚持教育与生产劳动、社会实践相结合……鼓励学生积极参与志愿服务和公益事业",并提出要"加强劳动观点和劳动技能的教育"[④],要求各级各类学校要把劳动教育与教学计划结合起来,逐渐形成制度化、系列化的做法;集合社会各界力量来大力支持劳动教育,为学校提供开展劳动教育所需的场地、人员

---

① 转引自翟博.新时代教育工作的根本方针[N].中国教育报,2019-09-16.
② 邓小平.在全国教育工作会议上的讲话[N].人民日报,1978-04-26.
③ 中宣部,教育部.关于高等学校学生参加生产劳动的若干规定[G]//何东昌.中华人民共和国重要教育文献1976—1990.海口:海南出版社,1998:2212-2213.
④ 中共中央,国务院.中国教育改革和发展规划纲要[M].北京:中国教育出版社,1993.

和物资,以满足学校开展劳动教育的需要,使劳动教育进一步走上制度化、规范化的轨道。1994年中共中央发布的《关于进一步加强和改进学校德育工作的若干意见》明确指出:"教育与生产劳动相结合,是坚持社会主义教育方向的一项基本措施。各级各类学校都要把组织学生适当参加一定的物质生产劳动作为一门必修课,列入教学计划,统筹安排,各级教育行政部门要进行具体督促检查。"[1]

1999年中央发布的《深化教育改革全面推进素质教育的决定》中强调要加强"劳动技术教育和社会实践",使学生接触自然、了解社会,培养热爱劳动的习惯和艰苦奋斗的精神,强调使诸方面教育相互渗透、协调发展,促进学生的全面发展和健康成长。2001年发布的《国务院关于基础教育改革与发展的决定》,赋予了劳动教育愈加丰富的内涵与要求,对组织中小学生参加社会公益劳动提出要求,不仅要求学生"掌握一定的劳动技能",还要"培养学生热爱劳动、热爱劳动人民的情感"。这不仅要求学生懂劳动、会劳动,更要在情感上与劳动人民有联系,在态度上尊重劳动、崇尚劳动。该决定推动了劳动教育迈入整合发展的时代。由此,劳动教育由单独设科正式转向综合实践活动课程这一多元的实施方式。

2001年,新课程改革的帷幕拉开,劳动技术课程不再独立设置,高中阶段代之以通用技术课,而在小学、初中阶段,劳动技术教育仅作为综合实践的一个板块。这是自1955年以来,劳动教育课程第一次被取消单独设置。[2] 劳动教育课程纳入综合实践活动表现出两大鲜明特点:一是要着力培养学生的创新精神与实践能力,为学生适应社会作准备;二是要与语文、数学等学科课程进行整合,以更为灵活的跨学科学习塑造学生的劳动价值观,同时培养劳动技能。然而,这一变革也暴露出劳动教育课程政策刚性作用不强,缺乏相应的学科地位、课程地位的问题。有学者指出,劳动教育课程的地位在综合实践活动课程中被降低,劳动教育被削弱了思想性,忽视了人文性,淡化了教育性。

纵观我国劳动教育发展的历史轨迹,我们不难看出其中的脉络。一是秉承马克思主义劳动观,坚持教育与生产劳动相结合的原则始终没有改变。这不仅体现在教育方针政策上,也体现在具体的实践之中。二是劳动教育

---

[1] 中共中央.关于进一步加强和改进学校德育工作的若干意见[EB/OL].(1994-08-31)[2016-11-09]. https://zcfg.cs.com.cn/chl/10454.html?libraryCurrent=law.

[2] 包佳佳.课程思政视域下高职劳动教育的探索与实践[J].金华职业技术学院学报,2022(11):23-28.

的价值诉求具有明显的时代性,并随着社会的发展而不断丰富。解放前后,参与劳动教育的青少年学生为战争和社会主义建设提供了直接的人力保障,到后来为学生培养劳动知识和技术技能,再到培养学生的情感、态度和价值观。三是劳动教育课程设置上,由独立设置到综合融入,特别是新世纪以来对素质教育的倡导,劳动教育成为综合实践课程中的组成部分。劳动教育在更高水平上得以强调,但实践中却被弱化。四是劳动教育作为一个有效载体,日渐成为加强学生思想政治教育的重要途径。五是劳动教育由注重强调政治性、社会性,到教育性的回归,由注重体力的生产劳动,到广泛内容的实践活动。

(二)新时代劳动教育的开拓

1. 现实问题

进入新世纪以来,我国经济高速发展,社会也经历着快速的转型,在市场经济的催生下,社会阶层与经济地位的分化日益明显;大量处于社会底层的从事艰辛工作的劳动者,拿着微薄的收入,受到越来越多的冷眼与歧视,甚至成为学校和家庭教育年轻一代的反面案例;而相反,一些明星、投机者、好逸恶劳的富二代却以极少的付出过着人人艳羡的生活,一夜暴富也常有发生。凡此种种,极大地刺激着全社会所有成员——包括家长、教师和所有受教育者,加剧了"一切向钱看"等不良社会风气的传播与社会心理的形成,激励了几代人的"劳动最光荣"的思想观念逐渐边缘化。

受社会风气影响,在家庭中,家长未能也无力对子女有效开展劳动教育,以引导子女形成正确的劳动价值观念,不爱劳动、轻视体力劳动、不肯付出而奢求高回报等思想在青少年群体中扎根。在教育领域,特别是在高校毕业生就业上,许多学生眼高手低,平时学习不努力却好高骛远,不愿从专业领域基层做起;不比能力却比起工作好坏,嫌工资低、工作苦、待遇差,在家"啃老"也不愿意找工作;初入职场却满腹牢骚,沉不下心、扎不了根,工作不积极却想着升职加薪,反复跳槽又多次失业等。

很显然,造成上述问题的原因是复杂的。一方面,整个社会缺乏一种正面的积极的舆论导向,以引领良好风气成为思想主流;另一方面,学校教育与家庭教育缺失,特别是学校劳动教育。劳动教育虽然被纳入综合社会实践类课程,但在实践中其独立地位的缺失致使自身被弱化。毫无疑问,这些问题必须得到有效解决,这是新时代推进中华民族伟大复兴、建设社会主义现代化强国所必需的,也是贯彻教育与生产劳动相结合、培养合格建设者与接班人所必需的。

2.国家政策文件

2020年3月,中共中央、国务院印发了《关于全面加强新时代大中小学劳动教育的意见》(以下简称《意见》)。同年7月,教育部印发《大中小学劳动教育指导纲要(试行)》(以下简称《纲要》)。上述文件,在传承中创新,首次全面系统地对我国劳动教育进行了规范,极大地促进了我国各类院校劳动教育的深入开展。

在劳动教育内涵上,《意见》指出:

> 劳动教育是国民教育体系的重要内容,是学生成长的必要途径,具有树德、增智、强体、育美的综合育人价值。实施劳动教育重点是在系统的文化知识学习之外,有目的、有计划地组织学生参加日常生活劳动、生产劳动和服务性劳动,让学生动手实践、出力流汗,接受锻炼、磨炼意志,培养学生正确劳动价值观和良好劳动品质。①

这段话包含以下几个要点。

一是将劳动教育纳入整个国民教育体系,从而使其更为丰富完善。强调劳动教育对其他"四育"的积极价值,坚持"五育并举";重新定位了我国教育方针即培养德智体美劳全面发展的社会主义事业建设者和接班人。

二是对劳动教育进行了定义。首先,劳动教育要有目的、有计划、有组织地进行。其次,劳动教育不仅要传授相关文化知识,重点是通过实践劳动使学生接受锻炼。最后,劳动教育中的实践锻炼的目的是使学生树立正确的劳动价值观,并形成良好的劳动品质。

在劳动教育目标上,《意见》明确劳动教育的总目标即"通过劳动教育,使学生能够理解和形成马克思主义劳动观,牢固树立劳动最光荣、劳动最崇高、劳动最伟大、劳动最美丽的观念;体会劳动创造美好生活,体认劳动不分贵贱,热爱劳动,尊重普通劳动者,培养勤俭、奋斗、创新、奉献的劳动精神;具备满足生存发展需要的基本劳动能力,形成良好劳动习惯"。《纲要》对这

---

① 中共中央,国务院.关于全面加强新时代大中小学劳动教育的意见[EB/OL].(2020-03-20)[2023-06-23]. http://www.moe.gov.cn/jyb_xxgk/moe_1777/moe_1778/202003/t20200326_435127.html.

一目标进行了更为详细的阐述。具体来说,劳动教育的总目标包含以下方面:

首先是理解马克思主义劳动价值观。包括劳动的本源性价值,即劳动创造了世界、劳动创造了历史、劳动创造了人本身等;劳动的经济性价值和劳动的教育性价值,即劳动是实现人的全面发展的重要途径,通过劳动可以获取知识、发展能力,劳动可以树德、增智、强体、育美。

其次,树立正确的劳动观念。包括劳动最光荣、劳动最崇高、劳动最伟大、劳动最美丽,以及辛勤劳动为荣、好逸恶劳为耻,劳动没有高低贵贱之分,幸福是奋斗出来的等劳动观念。

再次,端正劳动态度。包括热爱劳动、尊重劳动、崇尚劳动,能辛勤劳动、诚实劳动、创造性劳动。

第四,培养劳动精神。包括爱岗敬业、争创一流、艰苦奋斗、勇于创新、淡泊名利、甘于奉献的劳模精神,爱岗敬业、精益求精、协作共进、追求卓越的工匠精神。

第五,具有劳动能力。"正确使用常见劳动工具,增强体力、智力和创造力,具备完成一定劳动任务所需要的设计、操作能力及团队合作能力。"[1]

第六,养成劳动习惯。"能够自觉自愿、认真负责、安全规范、坚持不懈地参与劳动。"[2]

在劳动教育内容上,《纲要》明确指出:"主要包括日常生活劳动、生产劳动和服务性劳动中的知识、技能与价值观。"在日常生活劳动中,重在学会处理个人生活相关事务,养成良好的劳动习惯,树立自立自强意识。在生产劳动中,注重培养学生使用基本工具、掌握相关技术的能力,培养质量意识,体验劳动创造价值、劳动伟大。服务性劳动重在培养服务意识,增强社会责任感。

在职业院校中,《纲要》进一步明确了具体要求:"重点结合专业特点,增强职业荣誉感和责任感,提高职业劳动技能水平,培育积极向上的劳动精神和认真负责的劳动态度。"组织学生持续开展日常生活劳动,定期开展校内外公益服务劳动,依托实习实训,参与真实的生产劳动和服务性劳动。

在劳动教育途径上,《纲要》作了详细说明:

---

[1] 教育部.大中小学劳动教育指导纲要(试行)[EB/OL].(2020-07-09)[2023-06-23].http://www.moe.gov.cn/srcsite/A26/jcj_kcjcgh/202007/t20200715_472808.html.

[2] 教育部.大中小学劳动教育指导纲要(试行)[EB/OL].(2020-07-09)[2023-06-23].http://www.moe.gov.cn/srcsite/A26/jcj_kcjcgh/202007/t20200715_472808.html.

首先应独立开设劳动教育课,其中,职业院校主要围绕劳动精神、劳模精神、工匠精神、劳动组织、劳动安全和劳动法规等方面设计;其次,在学科专业中渗透劳动教育,将劳动精神与品质的培育融入其他课程中,实施课程思政;第三,在课外校外活动中安排劳动实践,通过实践育人,在实践中使学生学会技能,体验劳动价值,培养劳动精神,淬炼劳动品质,养成劳动习惯;最后是在校园文化建设中强化劳动文化,通过文化建设特别是制度建设中纳入劳动要求,在活动中宣传劳动光荣、创造伟大,倡导热爱劳动、诚实劳动,增强自觉培养劳动精神和劳动品质的意识。

二、高职院校劳动教育

(一)高职院校劳动教育的目标

从社会层面上看,正如《意见》提出的:"劳动教育是中国特色社会主义教育制度的重要内容,直接决定社会主义建设者和接班人的劳动精神面貌、劳动价值取向和劳动技能水平。"这就从完善我国教育体系和培养社会主义建设接班人的高度对劳动教育价值目标作了定位。这一定位是基于现实中存在的问题作出的,也就是"青少年中出现了不珍惜劳动成果、不想劳动、不会劳动的现象,劳动的独特育人价值在一定程度上被忽视,劳动教育正被淡化、弱化"[①]。在社会经济快速发展中,许多青少年参与社会劳动中表现出的诸多扭曲态度和畸形价值观念,与中华民族伟大复兴和强国梦的建设是格格不入的。这一问题是严重的、深刻的,究其根源,则是学校未能开展好必要的劳动教育。因此,总体上看,开展劳动教育的社会价值目标在于根本解决现实中存在的有关劳动的扭曲和畸形的价值观念和漠视、逃避、诋毁辛勤劳动的行为;教育价值目标在于完善丰富我国教育体系,提升我国教育水平,纠正人才培养中出现的偏差,为培养合格建设者和接班人创造体制机制上的条件,达到树德、增智、强体、育美的目标,实现"五育并举"。

---

① 中共中央,国务院.关于全面加强新时代大中小学劳动教育的意见[EB/OL].(2020-03-20)[2023-06-23].http://www.moe.gov.cn/jyb_xxgk/moe_1777/moe_1778/202003/t20200326_435127.html.

从个体层面上看,在各类学校开展劳动教育,其价值目标正如《纲要》提出的四个方面,即"全面提高学生劳动素养,使学生树立正确的劳动观念,具有必备的劳动能力,培育积极的劳动精神,养成良好的劳动习惯和品质"。

就高职院校而言,上述普遍性目标又应有其特殊性。高职教育培养的是生产、建设、管理、服务一线的高素质技术技能应用型人才,他们掌握一技之长,经过一定培训后能满足专业岗位需要。高职院校从事的正是职业技术技能教育,培养的是数以百万计的适应一线需求的普通劳动者。职业教育具有天然的劳动教育属性,应从劳动教育中汲取更丰富的养分。离开了劳动,职业教育便成为无源之水、无本之木。[1] 从这个意义上说,高职院校劳动教育的重点并不在于"必备的劳动技能"。

劳动习惯、品质和精神的形成,有赖于正确的价值观念付诸实践,有赖于长期的劳动锤炼。因此,可以说,高职院校劳动教育的价值目标最关键、最基本的还是劳动价值观念的培养。这也是劳动教育中的难点。当然,并不是说劳动习惯、精神和品质之于高职学生不重要。相反,精神和品质应成为高职院校劳动教育的高阶目标,在有着个体差异的学生群体中起引领、激励作用,并与劳动价值观念的形成相互影响、相互促进,也为高职院校劳动教育指明方向。正如许多研究者所指出的一样:劳动教育既包括劳动技能教育,也包括劳动观念教育,对于高职院校而言,职业教育其实类似劳动技能教育,高职院校的劳动教育要更加关注劳动观念教育和劳动习惯养成。[2] 劳动教育的本质目标是"通过适当的教育途径培育具有健康劳动价值观、追求社会正义、实现体力脑力结合,以及养成具有自由个性的'全面发展的人'"。[3] 在高职院校开展劳动教育,需要引导学生全面认识劳动及其价值,客观分析自己将要从事的职业,在心灵深处消除鄙视劳动、轻视劳动者的错误观念,树立正确的劳动观、劳动价值观,科学地认识劳动者。[4]

由此观之,高职院校劳动教育的目标在于:通过传授劳动相关知识、培养专业岗位技术技能,使学生树立正确的劳动价值观、职业价值观和择业观,热爱所学专业,改变鄙视普通劳动和普通劳动者的态度,树立劳动最光

---

[1] 邓红彬,曹刚.新时代高职院校劳动教育的三重维度[J].中国职业技术教育,2021(21):39-43.

[2] 缪昌武."个性全面和谐发展"视阈下高职院校劳动教育问题刍议[J].江苏高教,2020(4):60-63.

[3] 檀传宝.劳动教育的本质在于培养劳动价值观[J].人民教育,2017(9):45-48.

[4] 徐潇潇.新时代高职院校劳动教育理念的变革——基于马克思主义劳动学说的思考[J].中国职业技术教育,2021(30):92-96.

荣、劳动最崇高、劳动最伟大、劳动最美丽,以及辛勤劳动为荣、好逸恶劳为耻,劳动没有高低贵贱之分,幸福是奋斗出来的等劳动观念,增强职业荣誉感,养成诚实守信、吃苦耐劳的劳动品质和甘于平凡、乐于奉献、艰苦奋斗、勇于创新的劳动精神,以及到艰苦地区和行业工作的奋斗精神。

(二)高职院校劳动教育的路径

如何达成高职院校劳动教育的价值?这在《纲要》中也有了明确规定,包括独立开设劳动教育必修课、在学科专业中有机渗透劳动教育、在课外校外活动中安排劳动实践、在校园文化建设中强化劳动文化等,这四个方面分别从不同角度指向劳动教育目标。

第一,开设劳动教育必修课,也即关于劳动的教育。通过在课堂中讲授劳动课程帮助学生认知劳动,包括马克思主义劳动观、新时代劳动教育思想、劳动态度与劳动精神等基本内涵,以及劳动纪律、劳动安全和劳动相关法律法规等。这些内容都是可以通过教学形式直接开展的劳动教育。

值得一提的是,许多人认为劳动教育只可通过劳动实践而非理论讲解来开展。实际上这种观点是错误的,是不合乎大学生成长规律和教育教学规律的,中小学生可先实践后明理,而大学生明理和实践可同期进行,效果更佳。解决认知问题,是树立价值观、养成精神品质和习惯的重要前提。而且,在劳动认知过程中,如果教学得法还能有效激发学生积极参与劳动,自觉培养劳动情感,端正劳动态度。当然,仅有理论认知还是远远不够的。

第二,学科专业中渗透劳动教育,也即为了劳动的教育。就劳动教育而言,高职教育既是目的,又是手段,目的在于培养学生必备的劳动技能,手段则体现在通过专业技术知识的传授和技术技能的培养使学生树立正确的劳动价值观,养成劳动品质、精神与习惯。直接的专业劳动技能培养是高职教育最重要的培养目标,而在专业实习、实训等技术技能培养中出力流汗,更能有效强化劳动价值观,锤炼劳动品质,养成良好的专业素质和职业道德。在任何情况下,劳动如果没有与其并行的知识教育,没有与其并行的政治和社会教育,就不会带来教育的好处,会成为不起作用的一种过程。[①] 但现实中,专业技术技能教育总是缺乏必要的劳动教育,走上有劳动无教育的歧途。渗透与融入推进劳动教育,还应在其他公共类课程中实施,包括思政类课程、就业创业类课程和人文美育类课程等,发挥"课程思政"、"课程劳育"的功能。

---

① 马卡连柯.马卡连柯文集(下)[M].北京:人民教育出版社,2005:369.

第三,课外校外的劳动实践,也即通过劳动的教育。组织有针对性的课外校外活动,在活动的全程实施劳动教育。在此,活动本身是劳动教育的载体,而活动的目的即劳动教育,使学生在活动中明确劳动价值、端正劳动观念、培养劳动情感、养成劳动品质和精神。课外校外活动包括"三下乡"志愿服务、暑期社会实践、社会调研、勤工助学、校园寝室清洁卫生以及家庭日常生活劳动等。这些活动一定是实践性的,需动手并花力气流汗的。这些活动必须要有劳动教育相伴随,不能为了活动而活动,要让学生感受到劳动的光荣,体验到劳动的艰辛,品尝到劳动的喜悦,掌握必要的生活劳动技能,锻炼到劳动的品质,由此形成正确的劳动价值观。在大学生"三下乡"志愿服务、科技扶贫、社会调研等社会实践活动中深度融入劳动教育元素,提高学生的行为文明意识和社会服务意识,在生活、工作、学习等各方面将学生培养成讲政治、守规矩、勤奉献、敢担当的新时代好青年。①

第四,校园劳动文化的创建,也即支持劳动的教育。价值观的形成需要同向的文化氛围予以滋养,创建有利于劳动教育的校园文化就非常重要,否则将事倍功半,甚至南辕北辙。创建校园劳动文化,先从制度文化做起。制定好有关学生劳动的相关规章制度,如校园劳动公约、日常劳动规范等。用规章长期约束学生的劳动行为,为培养能力、形成习惯和品质提供保障。校园物质层面也是劳动文化建设的重要方面,如宣传标语口号、建筑塑像等,学生在耳濡目染中潜移默化接受劳动教育。此外,可组织系列校园活动,营造崇尚劳动、尊重劳动、热爱劳动的校园氛围,如邀请劳模做报告,或请校友分享成功经历,或借助重要节日如劳动节、植树节等组织相关活动。

(三)高职院校学生劳动事项

依据上面论述,结合高职院校实际,加强劳动教育,应积极引导学生从事以下方面劳动。

1.打扫卫生

"一屋不扫,何以扫天下?"作为大学生,我们首先要确保自己生活环境的整洁,无论在学校还是在家庭,无论是个人书房、学校寝室,还是上课的教室。现实中,有些大学生穿戴漂亮整齐,但生活的寝室却是脏、乱、差,你很难想象那就是他们的住处。大学生应养成良好的个人卫生习惯,不随地扔

---

① 王东颖.构建新时代高职院校劳动教育体系的生发逻辑及实现路径[J].中国职业技术教育,2021(25):86-91.

垃圾,每天坚持打扫,不积聚垃圾,定期擦洗用具、门窗等。保持生活环境整洁,能让人心情舒畅,也能体现出一个人的素养。

2. 整理物品

在我们生活的场所,有各种各样的物品,应及时整理,整齐摆放,用后放回原处,不乱扔乱堆。整齐摆放不仅看上去舒服,而且节约空间,用起来方便,不用到处寻找。要整理的物品包括书桌上的书籍、文具,抽屉里的物品,鞋架上的鞋,衣柜里的衣服,厨房里的油、盐、酱、醋、碗,室内的家具、花卉盆栽,房间里的床上用品等。整理物品要学会利用收纳箱、盒,使小物件井然有序,要学会利用角落空间,营造出一种特别的美感。

3. 美化环境

美好的环境能够使生活变得丰富多彩,同时陶冶我们的情操,使身心健康发展。美化环境不仅要保持环境卫生、物品摆放整齐,养成良好的个人生活习惯,还要学会通过绿植、挂画等,保持生活环境美好。美化寝室要讲究简单、大方,不必放置过多装饰品,在色彩、风格上烘托一种温馨、舒适的氛围,营造一个安静、适宜学习的空间,让寝室充满家的温暖气息。美化环境还包括爱护校园中各种花草树木和公共设施,积极倡导绿色低碳生活与文明行为,共同建设平安、和谐与绿色的校园。

4. 洗衣做饭

洗衣做饭是最常见的家务劳动,也是我们每个人都应会的劳动。在家里洗衣做饭通常是父母承担的,很少有同学主动参与或独立完成。在学校,洗衣成了个人的难事、大事,一拖再拖,或干脆拿去洗衣店;吃饭倒不需要自己动手做,去食堂即可,但洗碗却成了很不情愿做的事。实际上,洗衣做饭是我们必备的技能,当你独立生活时,你必须承担;即便在家中,我们主动参与或承担下来,不仅能学会其中的技巧,还能替父母分忧,并养成劳动习惯,提升劳动素养。洗衣不仅是清洗,还包括熨烫、折叠、使用洗衣机等。做饭炒菜极有技术含量,值得每个人认真学习,学好了不仅能保证家人天天有口福,还能因拥有一技之长而受到亲朋好友的青睐。

5. 农村劳作

作为一个传统的以农业为主的国家,我们深受农耕文化的熏陶,对农民农村怀有特殊的感情。然而,随着经济发展、科技进步与农业现代化、机械化,当代大学生对农业、农村、农民变得陌生,很少有学生参加农事劳作,即便生活在农村地区的同学也是如此。实际上,随着当前国家对"三农"的重视以及新农村建设的推进,广阔的农村地区是我们大有作为的天地,土特产、绿色食品、乡村旅游等都可以成就一番事业。感悟农耕文化中的劳动之美、学习农民的优秀品质、认识农村的民风民俗、体验繁杂农事的艰辛是我们大学生的必修功课。这不仅能让我们了解国情民情、增长知识,还能有效地锻炼我们的意志、提升抗挫能力与奋斗的勇气,传承农耕文化并增进家国情怀。

6. 养老护理

家有一老,如有一宝。对每个家庭来说,老人不仅是我们情感的寄托,也是我们精神的依靠。然而,老人身体机能逐渐衰退,大脑反应能力变弱,还经常有各种疾病。因此,养老护理成了我们每个人必须承担的重要劳动。与老人沟通时可选择老人感兴趣的话题,如老人感到自豪的事、老人美好回忆的事,多陪伴老人,如一起看电视、散步、逛街等。还要学会一些应对突发状况的方法,如头晕、不吃饭、跌倒、情绪低落,老人患有长期慢性病时尤需注意。

7. 假期兼职

假期兼职是当前许多大学生利用节假日、日常课余时间在学校、家庭附近城市从事的劳动,特别是一些家庭经济条件不大好的学生。假期兼职可以在锻炼自己、增加生活体验、丰富职场经历的同时挣一些生活费,感受劳动付出得到回报后的成就感,这是一种常见的社会实践劳动。

假期兼职时,我们应擦亮眼睛,谨防落入各种"陷阱":有的传销组织打着"连锁经营"、"特许经营"、"直销"等幌子,或以"国家搞试点"、"响应西部大开发"等名义诱骗大学生参与传销活动;有的骗子公司以"先培训拿证后上岗"为由骗取培训费、考试费或押金、中介费等。

大学生从事兼职劳动时,应仔细了解自己与兼职单位之间的各种权利义务,注意保护自己的合法权益,明确双方的法律关系及权利义务,要签订好书面合同。

8. 勤工助学

在学校,学习不仅限于各类课程,只要是跟社会、跟他人的接触交流都能有所学,都是一种锻炼、一种成长。勤工助学正是学校给学生提供的一个参与实践、锻炼自身的劳动机会。学生可利用课余时间进入学校预留的勤工助学岗位，通过劳动获得应有报酬。参加勤工助学由学生提出申请，经面试后再确定，并签订协议。大学生勤工助学岗位类型主要包括管理助理、教学助理、科研助理和辅导员助理等，学生可根据自身情况选择合适的岗位进行申请。

9. 专业实践

在校期间，我们应积极参加学校的实践类课程，包括实习实训课、创新创业课等。通过参与课堂上的角色扮演、实际操作、模拟任务等活动，了解生产过程及创新创业的基本环节，了解市场竞争和商业行为，为顺利进入职场打下坚实基础。顶岗实习是高职学生在校期间最重要的一种生产劳动，是在总体上完成教学实习实训后，综合运用本专业所学知识和技能，到本专业对应的岗位参加生产劳动，完成一定量的生产任务，并进一步掌握操作技能，养成正确劳动态度的一种实践性教学形式。高职院校与用人单位相结合、学生与实际劳动者相结合、理论与实践相结合的顶岗实习，有利于学生了解企业运行的基本规律，学习企业文化、管理原则，关注企业最新技术、设施设备、行业动态等；有利于培养更加贴近岗位需求的人才，使职业发展更加顺利。

10. 社会服务

暑期社会实践是大学生社会服务性劳动的重要形式，指在校生利用假期及课余时间，深入工厂、农村、街道、部队、医院等进行考察，了解社会，并利用所学专业知识为经济建设和社会发展服务的实践活动。暑期社会实践目的在于弥补学校教育教学的不足，延伸拓展大学生思想政治教育，促进青年学生在实践中接受历练、开阔视野。

大学生"三下乡"是指"文化、科技、卫生"下乡，是高校在暑期组织的一项旨在提高大学生综合素养的社会实践活动。活动主要内容是大学生将城市的科技、文化和卫生知识带到发展相对落后的偏远地区，向当地人传授知识。

志愿服务是一种重要的社会实践活动，是在不求回报的情况下，为改善社会环境、促进社会进步而自愿付出个人的时间及精力所做的服务工作。

(四) 高职院校劳动教育的保障

高质量推进劳动教育涉及院校方方面面的工作，需要自上而下统筹推进、系统规划、有序落实,并做好监控与评价;既要充分挖掘资源、创建有利条件,也需要经费投入和师资保障。

1. 统筹规划

高职院校开展劳动教育首先要做好顶层设计。在学校党委的领导下,明确学校各职能部门和教学部门的职责,使学校的各项工作、各个环节都承担起相应的劳动教育任务,形成各司其职、相互协同的育人机制,使每一名教职工都参与劳动教育,形成工作合力,构建劳动教育工作体系并确保其高效平稳运行。[1]

此外,需要学校、家庭、社会紧密联系、互相促进、共同合作,形成"三位一体"培养机制,确保同向同行。高职院校要发挥主导作用,承担劳动教育内容设置和考核评价等方面的主体责任。家庭要注重发挥基础作用,家长做好孩子的第一人生导师,以身作则、言传身教,讲好劳动教育的第一课。社会要发挥支持作用,在全社会营造尊重劳动的氛围,大力弘扬劳动精神,为劳动教育保驾护航。[2]

2. 师资队伍

开展劳动教育需要讲授必修课程的教师,更需要组织劳动相关活动的教辅人员,参与者甚众。因此,学校应当通过多种途径,建立一支数量充足、质量优良、专兼职结合的劳动教育师资队伍。

一是要根据劳动教育的需要,在校内配备专任教师,有必要的还可招聘引进高素质高水平的专职劳动教育教师。二是强化劳动教育教师的自我学习,提升劳动教育教学能力。三是统一组织开展劳动教育能力提升培训活动,提升开展劳动教育的专业化水平。四是设立劳模工作室、技能大师工作室、工匠大师工作室等,聘请相关行业的劳模、技能大师、杰出工匠等担任劳动实践指导教师。五是把劳动教育纳入教师年度培训及考核,有效激励劳动教育教师工作的积极性、主动性和创造性。[3]

---

[1] 朱文富,赵秦.新时代高职院校劳动教育的意义、特征及策略[J].教育与职业,2022(3):103-106.
[2] 高军.新时期高职院校开展劳动教育的思考[J].教育与职业,2021(14):49-52.
[3] 姚敦泽.新时代高职院校加强劳动教育的价值意蕴与实践路径[J].教育与职业,2022(18):57-61.

3. 资源经费

开展劳动教育不仅要有一定数量的参与者，更要有较为充足的物资和经费保障。《纲要》明确提出："学校可按照规定统筹安排公用经费等资金开展劳动教育，可采取政府购买服务方式，吸引社会力量提供劳动教育服务。要联合社会力量，共建共享稳定的劳动实践基地等。可安排一批土地、山林、草场等作为学农实践基地，确认一批厂矿企业作为学工实践基地，认定一批城乡社区、福利院等事业单位、社会机构、公共场所作为服务性劳动基地。推动学校充分利用校内学习、生活有关场所，逐步建好配齐劳动技术实践教室、实训基地，丰富劳动教育资源。"[①]

校内的教室、实训室、寝室以及各类场馆都是可以利用的劳动教育场所，院校必须充分利用好，还必须为丰富的劳动教育形式和可长期使用的劳动教育场地提供建设或活动经费。高职院校应将预算经费单列，确保经费充足，为开展劳动教育配齐各类器材与设备等；还应联合社会力量——行业企业、社区街道、商场、医院等，通过合作多渠道拓展劳动实践的场所和载体平台，利用好合作资源与优势，共建共享实践基地，不断丰富教育资源与场所，在节约经费的同时，创新劳动教育的方式方法，提升资源与经费使用实效，提高劳动教育教学效率，使劳动教育走深、走实，达成劳动教育目标。

4. 考核评价

考核评价是确保劳动教育取得实效的重要保障。考核评价可包括两类：一类是上级教育行政部门或政府部门对院校的督导评价，另一类即为院校对学生的劳动素养考核。关于劳动教育评价，《纲要》中作了具体说明，已有研究也多有论述。

对院校的督导评价，《纲要》指出："对学校劳动教育开课率、学生劳动实践组织的有序性、教学指导的针对性、保障措施的有效性等进行督查和指导。"对学生的考核评价，《纲要》指出："以劳动教育目标、内容要求为依据，将过程性评价和结果性评价结合起来，健全和完善学生劳动素养评价标准、程序和方法，鼓励、支持各地利用大数据、云平台、物联网等现代信息技术手段，开展劳动教育过程监测与记实评价……要在平时劳动教育实践活动中及时进行评价，以评价促进学生发展。"

[①] 教育部.大中小学劳动教育指导纲要（试行）[EB/OL].（2020-07-09）[2023-06-23]. http://www.moe.gov.cn/srcsite/A26/jcj_kcjcgh/202007/t20200715_472808.html.

针对考核评价，研究者也从不同方面进行了深入的论述。

关于督导评价，谭见君认为要建立职业院校劳动教育实施评价体系。从开设独立的劳动教育课程情况、劳动教育对其他课程的渗透、劳动实践、校园劳动教育文化等四个方面构建学校劳动教育实施的评价指标与策略，确保高职院校劳动教育质量持续提升。①

关于学生劳动素养考核，余开业认为评价维度包括劳动习惯、劳动态度、劳动能力、劳动价值观等，建立社会实践、文明寝室、志愿服务、创新创业大赛、实习实训等劳动教育评价具体指标，开展个人自评、团队互评、教师评价、企业评价等多种评价方式，形成劳动素养综合评价。② 陈超、欧彦麟提出，学生劳动素养综合评价的主要内容有校内劳动评价、劳动教育课程评价、寝室卫生评价、校外社区服务评价、专业课程（校内）实训劳动评价、专业实习（校外）劳动评价、就业创业劳动评价和家庭劳动评价等八个部分。③

三、高职院校劳动教育评价

依据《意见》和《纲要》，紧紧围绕高职院校劳动教育目标，遵循劳动教育实施路径，结合已有研究，笔者构建了高职院校劳动教育督导评价体系和高职院校学生劳动素养考核评价体系，以期为劳动教育督导和劳动教育开展提供参考。

---

① 谭见君.高职院校"三维度四策略"劳动教育模式研究[J].教育与职业，2022(17):103-107.

② 余开业.基于内化视角的高职院校劳动教育路径研究[J].职教论坛，2020(08):44-48.

③ 陈超,欧彦麟.高职院校"一核三阶五维"劳动教育评价体系构建研究[J].教育与职业，2022(20):102-106.

（一）高职院校劳动教育督导评价体系

表 5-1　高职院校劳动教育督导评价体系

一级指标	二级指标	评价要点	分值	评价说明
组织领导（12分）	管理体系	有完善的管理体系与制度体系；职责明确，分工合理	6	查看有关劳动教育的顶层设计，包括规章制度、统筹规划、岗位职责、协调推进、过程管理等
	统筹规划	有系统、完善的总体规划；准确定位目标与内容，合理安排实践活动与组织过程	6	
教育教学（35分）	课堂教学	按规定设置劳动教育课程内容与学时；在创新创业等公共课程和专业理论课程中融入劳动教育情况	7	查看课堂教学中的直接劳动教育与融入劳动教育情况，含课程内容与设计、课堂教学、课程评价等，考察课程达成劳动认知等目标的程度
	实践教学	校内外专业技术训练中包括实训、实习等融入劳动教育情况	9	查看专业实践中对劳动教育的融入情况，考察在掌握专业技能、热爱所学专业、树立正确职业价值观、择业观等方面目标达成情况
	实践活动	在校内外组织的以劳育为目的的各类活动情况，包括日常生活劳动、服务性劳动等	10	查看校内外各类相关活动的组织与实施情况，考察活动在树立劳动价值观、锤炼劳动品质、培养劳动情感与精神上的目标达成情况
	文化创建	通过制度、宣传、竞赛、展示、讲座等活动创建劳动文化情况	9	查看文化创建的各类活动组织与实施情况，考察劳动文化营造的效果
保障激励（25分）	师资队伍	有一支专兼职相结合的教师队伍；有完善的教师规范与激励规章制度；组织教师参加培训情况	7	查看教师队伍建设相关材料，关注水平与数量上满足需要
	资源经费	经费投入情况；利用已有或挖掘资源用于支持劳教情况，如劳动基地等；劳动教育相关设施器材满足多样化实践活动需要情况	7	查看经费投入、基地建设、设施器材等用于开展劳动教育情况，关注有效利用与主动挖掘以满足需要情况

续　表

一级指标	二级指标	评价要点	分值	评价说明
保障激励 (25分)	评价考核	对相关部门、学院及个人的评价考核与诊改机制及其运行情况；科学、合理地开展大学生劳动素养考核评价情况	6	查看评价考核相关制度规定以及实施情况，关注评价考核实施的科学合理性以及激励与规范作用
	社会支持	在人、财、物上争取社会支持的制度设计及实效情况	5	关注在师资、经费、场地等方面争取企业、社区等支持以有效开展劳动教育情况
教育成果 (20分)	教研科研	围绕劳动教育组织开展教研科研情况；教科研获立项、发表论文或成果获奖情况	5	查看教研科研相关成果，包括立项、论文发表以及获奖等情况
	教学教改	围绕课程开展的教学教改情况，包括课程教材建设、慕课建设、教学创新、教学成果、教学竞赛、优秀案例、微课等方面成果	7	查看课程建设、教学改革等方面成果，包括教材、课程、竞赛等
	学生学业	学生对劳动教育满意度；学生毕业就业率；学生劳动素养考核成绩情况	8	通过调研了解学生的满意度，查看学生就业率，查看学生考核总体成绩
特色创新 (8分)		结合学校人才培养和地方特色，在组织运行、教学创新、学生评价等方面的创新情况	8	关注富有校本特色与地方特色的创新及其成效

上述督导评价体系(表5-1)的构建是遵循"目标—计划—实施—成效"路线选择关键指标设计的，即督导院校为实现劳动教育目标做了怎样的统筹规划、按怎样路径实施、提供了哪些保障、取得了哪些成效。在应用中，可根据院校整体情况作适当调整，包括指标、标准与分值等。督导不仅是监督院校对上级文件落实执行情况，更要加强指导，为提升劳动教育质量提供有力保障。

总之，推进劳动教育深入开展离不开督导评价机制的有效保障。发挥好督导评价作用，首先必须明确劳动教育的培养目标。深入理解《意见》、《纲要》和高职教育的特殊性是明确目标的重要前提，督导的目的正是确保劳动教育目标的落实。其次，必须明确高职院校劳动教育的应然路径与举措，明确在高职院校的运行环境下，如何开展才能确保劳动教育可行、可持续且有效达成培养目标。在此，政策文件和院校办学实际都是重要依据。督导中要重点考察的即院校围绕劳动教育目标如何做、做了什么、成效如何，用事实说话，结论确凿中肯。最后，必须有一个合理的评价指标体系。这是督导行为的依凭，也是督导内容所在。此处构建的指标体系紧扣《意见》和《纲要》，又结合高职院校办学实际，能为校内外督导评价提供直接参考；而督导内容体系也起着明确的行为导向作用，能为院校开展劳动教育提供思路与策略。

（二）高职院校学生劳动素养评价体系

表5-2　高职学生劳动素养考核评价体系

考核领域	考核内容	考核重点	评价主体	分值
理论课堂	劳动教育课程	考察劳动认知	相关任课教师	15
	就业创业课程	考察专业认知、就业创业知识与择业观		
	专业理论课程	考察专业技能知识；职业价值观等		
专业实践	实训、实习	关注参与过程；考察专业劳动技能；专业态度与情感、专业品质与精神	实践指导教师、企业人员	30
实践活动	社会实践	关注参与与过程表现；考察劳动价值观念、劳动态度与情感、劳动品质与精神等	学习处、团委、辅导员等	35
	志愿服务			
	勤工助学			
	其他相关活动			
生活劳动	寝室卫生	关注完成情况与持久性；考察劳动习惯	学生处、团委、辅导员等	20
	其他与个人生活相关的表现			
劳动成果	相关竞赛、荣誉与展示成果	关注所取成果的数量与质量	学生处	按奖项等级与数量额外加分

院校对学生劳动素养的考核评价（表5-2）既是对学生参与劳动的督促与激励，也是教务处、学生处、团委等部门开展劳动教育工作的导向与任务清单。考核评价应重点关注学生劳动价值观的树立，通过认知测验与实践观察获得较为准确的评价信息，同时关注学生的专业技能、情感与态度、劳

动品质与精神。考核中应坚持质性评价和量化评价相结合,形成性评价与终结性评价相结合,坚持全程跟踪,及时记录并进行评价,坚持评价主体多元化,充分利用校内外开展劳动教育教学和管理的教职员工,对学生日常生活、理论学习和实践劳动等方面进行考核,提升考核评价的准确性。对学生的考核评价应搭建网络平台,利用现代信息技术使得评价及时、全面、准确,按上述分值核算出学生动态即时得分,在即时得分反馈中提高学生参与劳动的积极性。上述考核评价在实践应用中,可根据实际情况对评价内容和分值进行调整。

后 记

近日,《高职教育改革热点问题研究》一书终于完成了,实现了我多年来的一桩夙愿。

本书的撰写目的在于真实地记录近年来我国高职教育领域发生的重大改革,澄清并拓展诸多理论问题,提出些可行的创新举措,以期为高职院校改革提供借鉴与参考,为院校发展尽绵薄之力。萌生这一念头的契机,一是作为教育教学研究者与管理者的专业意识,各项改革正在身边发生着,从事教学管理工作的我,无法无动于衷;二是感召于我校敏锐的创新意识与改革精神。近年来,我所在的学校积极贯彻落实各类上级文件精神,深入推进各项改革,其中所体现出来的进取意识与创新精神,深深地感染着每一位教职工。回首本书撰写的整个过程,从初具形态到修改补充,再到反复校对,虽经历过困难,但仍然觉得这是一件极有价值的事,取得的成就更让我倍感欣慰。

改革不息,创新不止,在教育领域同样如此。改革创新是教育发展的持续动能,一些改革主题是长期的、基本的,时而沉寂,时而又进入公众视野,成为热点;一些改革主题是短期的、重大的,经改革逐步完善后不再是热点。无论是否是热点,经过改革创新必有进步与发展,或解决问题,或生成新的问题进而引起新的改革。追捧热点不是赶时髦,也不肤浅,而是积极加入某一专题研讨的大家庭,为共同关心的问题提供不同角度的解答,以期问题能得到科学有效的解决,从而推进教育事业发展。本书针对五个改革热点问题的论述,都是基于一位一线教育教学与管理工作者的观察与思考。

在本书的撰写过程中,得到了许多专家、学者、领导和同行的支持,他们的指导与鼓励增强了我的信心与动力。

本人才疏学浅,书中难免有些错误、疏漏和不妥之处,请读者不吝指正。

2023 年 8 月